Eberhard Straub, geboren 1940, studierte Geschichte, Kunstgeschichte und Archäologie. Der habilitierte Historiker war Feuilletonredakteur der *Frankfurter Allgemeinen Zeitung* und lebt heute als freier Schriftsteller in Berlin. Zuletzt erschien von ihm bei Klett-Cotta der Essay *Zur Tyrannei der Werte.*

Eberhard Straub

Eine kleine Geschichte Preußens

Klett-Cotta

Dieses Buch ist eine durchgesehene und korrigierte Neuausgabe des zuerst 2001 im Siedler Verlag unter demselben Titel erschienenen Bandes.

Klett-Cotta
www.klett-cotta.de

Dieses Werk wurde vermittelt durch die Literarische Agentur
Michael Gaeb
Printed in Germany
Umschlag: Rothfos & Gabler, Hamburg
Unter Verwendung des Bildes »Das Flötenkonzert Friedrich des Großen in Sanssouci« von Adolph Menzel, Foto: © akg-images
Gesetzt von r&p digitale medien, Echterdingen
Gedruckt und gebunden von Clausen & Bosse, Leck
ISBN 978-3-608-94700-7

Bibliografische Information der Deutschen Nationalbibliothek
Die Deutsche Nationalbibliothek verzeichnet diese Publikation in der Deutschen Nationalbibliografie; detaillierte bibliografische Daten sind im Internet über <http://dnb.d-nb.de> abrufbar.

Inhalt

Ein Ende der Gemütlichkeit

Vorwort zur Neuausgabe von Jens Bisky

In der reichhaltigen Preußenliteratur, zu der jährlich immer neue Titel hinzukommen, ist dieses Buch ein sehr besonderes, eigenwilliges. Es ist außergewöhnlich schon durch seinen geringen Umfang. Gesamtdarstellungen der preußischen Geschichte umfassen, wenn sie nicht für Studienanfänger geschrieben wurden, meist viele hundert Seiten. Eberhard Straub reichen zwölf kurze Kapitel, um Aufstieg, Siege, Niederlagen, Reformen, Revolutionen und das lange Ende dieses Staates zu schildern. Das gelingt ihm, indem er sich auf die Stellung Preußens unter den anderen deutschen Ländern und das Verhältnis der Deutschen zu Preußen konzentriert. Er schreibt so klar wie gelassen, gern spöttisch, aber nie herablassend. Die Besserwisserei der Spätgeborenen, die glauben, dass die Geschichte mit ihnen etwas ganz Einzigartiges hervorgebracht habe, ist ihm fremd. Straub will verstehen, bevor er urteilt, was er ohnehin am liebsten dem Leser überlässt. Aber wenn er wertet, dann möglichst nach den Maßstäben der jeweiligen Zeit, nach ihren Möglichkeiten und Illusionen, denen unsere Vorfahren nicht weniger anhingen als wir den unseren. Wer einen ersten Überblick gewinnen will, wer ein deutliches Bild sucht, das später ergänzt, auch korrigiert werden kann, der wird hier bestens bedient. Als so kluges wie unterhaltsames Werk der Geschichtsschreibung ist dieses »Kleine Geschichte Preußens«, als sie vor zehn Jahren zum ersten Mal erschien, von den Rezensenten auch gewürdigt worden.

Von heute aus erkennt man deutlicher, dass sie zugleich auch ein Dokument des Abschieds und des Aufbruch ist: des Abschieds von bundesrepublikanischen Gewohnheiten und des Aufbruchs in das, was man treffend »Berliner Republik« genannt hat. Da dieser Übergang noch lange nicht abgeschlossen ist, hat man beim Lesen immer wieder das Gefühl, es werde auch und gerade die eigene Gegenwart verhandelt. Nicht im Sinne plumper Aktualisierungen: Das Buch ist frei von Vogelscheuchen, die warnen, und Gebotsschildern, die belehren sollen. Stattdessen lädt es den Leser ein, im Gespräch über Geschichte mit sich selbst bekannt zu werden.

Nach dem durchschlagenden Erfolg des Buches von Christopher Clark, das in Deutschland 2006 unter dem Titel »Preußen. Aufstieg und Niedergang« erschien, herrscht eine neue Unbefangenheit im Umgang mit der preußischen Geschichte. Von dem in Cambridge lehrenden Historiker hat man sich gern sagen lassen, dass viele schwarze Geschichten über Militarismus und Untertanengeist nicht stimmen oder wesentliches verdecken. Das war einige Jahre zuvor noch anders.

Gewiss, Preußen war immer für eine Aufregung gut gewesen. Aber warum flammte der Streit nach der Wiedervereinigung so heftig auf, als sei er ein neuer und betreffe Wohl und Wehe der Gegenwart? Warum etwa wurde im Jahr 2002 mit so viel Lust über den Vorschlag des sozialdemokratischen Sozialministers Alwin Ziel debattiert, Berlin und Brandenburg zu einem Bundesland zu vereinen und dieses »Preußen« zu nennen? Dabei provozierte die Namenswahl offenkundig mehr als die Einzelheiten der sinnvollen, aber zum Schaden aller bis heute nicht verwirklichten Fusion. In der *Frankfurter Allgemeinen Zeitung*, damals das Zentralorgan intellektueller Selbstverständigung, verhandelten Wolf Jobst Siedler und Susan Sontag, Florian Illies und Gregor Gysi, Hans Jürgen Syberberg und Monika Maron die Frage »Darf Preußen sein?«.

»Es war einmal und bleibt ein Gegenstand der Geschichtsschreibung«, hätte man gelassen antworten und sich den Problemen der Region zuwenden können, die im Teufelskreis von Arbeitslosigkeit, Abwanderung und Transferabhängigkeit gefangen schien. Aber man wich wie so oft ins geschichtspolitisch Grundsätzliche aus. Hinter der Frage, ob Preußen sein dürfe, verbarg sich unüberhörbar die aktuell viel beunruhigendere Frage, ob Geist und Glück der alten Bundesrepublik im neuen Deutschland erhalten bleiben könnten und sollten. Der Bielefelder Historiker Hans-Ulrich Wehler formulierte in einem Beitrag zur Debatte unübertroffen deutlich, welch staatstragende Funktion der Aversion gegen alles Preußische zukam: »Zu den unschätzbar vorteilhaften Startbedingungen der Bundesrepublik gehört, daß Preußen nirgendwo mehr Pate stand: keine Adelslobby und kein ostelbischer Konservativismus mehr, kein Militärnimbus und kein Sonderweg mehr zwischen Westen und Osten, endgültig diskreditiert das Vabanquespiel um neue Größe. Die Befreiung von Preußen hat die Entwicklung der Bundesrepublik erst ermöglicht. Das gilt es, gegen jede Nostalgiewelle, die ein mit extremen Kosten gescheitertes Experiment aufwerten will, zu verteidigen.«

Bonn war nicht Potsdam. Die innerdeutsche Grenze hatte es erleichtert, nicht genehme Traditionen und störende Erinnerungen östlich der Elbe zu lokalisieren, auch wenn in der Bonner Republik wohl mehr Preußisches lebendig war, als Wehlers Bekenntnis zur Westbindung zugestehen mochte. Eine Kulturgeschichte der Bundesrepublik jedenfalls wäre so unvollständig wie unverständlich ohne die prominenten Bemühungen um das borussische Erbe. Dafür stehen Namen wie Marion Gräfin Dönhoff, Sebastian Haffner, Wolf Jobst Siedler, Hans-Joachim Schoeps und Joachim Fest. Ihre Bücher hatten vom Reiz des Gefährlichen profitiert, der immer dabei war, wenn von Preußen gesprochen wurde. Sie verunsicherten das behagliche Gefühl, endlich auf der richtigen Seite angekommen zu sein. Man sah auf vergangene Irrwege zurück, las von ihnen zu Unterhaltungszwecken oder in pädagogischer Absicht. Und je länger die gute alte Bundesrepublik Erfolge feierte, desto mehr verfestigte sich das Gefühl, es müsse immer so bleiben. Je weniger in der Bonner Gegenwart Potsdam oder Königsberg eine Rolle spielten, desto unbefangener konnte man sich dann für einzelne Gestalten interessieren, für Friedrich den Großen etwa oder Karl Friedrich Schinkel.

Der Fall der Mauer schien diese gemütliche Welt zu bedrohen, und weil es nicht opportun war, die Ostdeutschen unumwunden als Störenfriede zu bezeichnen, lebten anti-borussische Ressentiments wieder auf, wurde die Mottenkiste der Klischees geplündert und die angebliche Verwandtschaft zwischen Preußentum und Nationalismus warnend beschworen. Der ungeheure Stress, den die Vereinigung für Ost und West bedeutete, fand seinen Ausdruck auch in der Befürchtung, das neue Deutschland werde nun »preußischer« – was mal unruhiger, mal unbequemer, mal gefährlicher bedeuten sollte.

Der Augenschein sprach für eine so nicht erwartete und von vielen befürchtete Wiederkehr: Im Juni 1991 beschloss der Bundestag mit knapper Mehrheit den Hauptstadtumzug ins suspekte Berlin; im August 1991 wurden die Särge Friedrich Wilhelms I. und seines Sohnes, Friedrichs des Großen, mit militärischen Ehren nach Potsdam überführt; im Sommer 1993 weckten bemalte Plasteplanen die Sehnsucht nach dem Berliner

Schloss. Der märkische Wanderer Theodor Fontane war der Autor der Stunde, in Brandenburg gründeten sich Traditions- und Heimatvereine, man begann, Herrensitze zu restaurieren. Kaum residierte die Regierung in Berlin, führte die Bundesrepublik wieder Krieg, durchlebte ungewohnt harte ökonomische Krisen und sah sich mit scharfen Ost-West-Konflikten konfrontiert. Das hatte allein aktuelle Gründe. Die Warnung vor Preußen wurde dennoch zum wohlfeilen Schlagwort der Westalgie, des verklärenden Rückblicks auf die alte Bundesrepublik. Sie fand Zustimmung, weil sie seelische Bedürfnisse befriedigte. Da übersah man gern, dass die Geschichtswissenschaft seit Jahrzehnten ein präziseres Bild zeichnete, das weder der schwarzen Legende noch der hellen entsprach, und dass historische Wahrheit überhaupt nur zu haben ist, wenn man die bequeme Scheidung in »gut« und »böse«, »progressiv« und »reaktionär« vermeidet.

Für Ostdeutsche war die Preußen-Frage keineswegs einfacher. Groß war ihr Unwille an Geschichtsschreibung zu Zwecken der Volkserziehung – und das war ein Vorteil. Aber dem unbefangenen Urteil standen jüngste Erfahrungen entgegen: Die Militarisierung der DDR war von Anbeginn mit Scharnhorst, Clausewitz und Gneisenau begründet worden. Im Stechschritt erfolgte die Wachablösung vor Schinkels Neuer Wache, ein Schauspiel, dass viele an Demütigungen in der Nationalen Volksarmee und die Allgegenwart Uniformierter erinnerte. Die Stagnationsjahre unter Honecker waren mit einer Neuentdeckung des preußischen Erbes einhergegangen. Christian Daniel Rauchs Reiterstandbild Friedrichs des Großen kehrte auf die Straße Unter den Linden zurück, das Schauspielhaus am Gendarmenmarkt wurde wieder errichtet, das Berliner Nikolaiviertel in neohistoristischer Plattenbauweise aus dem Boden gestampft. Keiner hatte wissen könne, dass Honecker selbst das Berliner Schloss vermisste, aber zu spüren war, dass der Glanz vergangener Zeiten instrumentalisiert werden sollte.

Preußen – das waren für die Sachsen, Thüringer und Mecklenburger die in der DDR privilegierten Hauptstädter, für deren Wohl ihre eigenen Städte verfallen waren und sie Mangel hatten erdulden müssen. Die Revolution von 1989 sollte auch eine Befreiung vom Berliner Zentralismus bringen, eine Stärkung regionalen Eigensinns. Und wer den Freiheitsrausch der Konsumgesellschaft entdeckte, wollte von Pflicht, Gehorsam und Sparsamkeit ohnehin nichts mehr hören, sondern endlich die Segnungen der alten Bundesrepublik genießen. Nicht jeder, der sich über den Beitritt zur Bonner Republik gefreut hatte, fühlte sich in der Berliner willkommen und daheim. Fremdheitsgefühle zwischen Ost und West blieben lange virulent.

In dieser Situation vielfachen Missbehagens an Staat und jüngster Unbequemlichkeit stellte Eberhard Straub sein Preußen nicht als Sonderweg oder Absurdität der deutschen Geschichte dar, sondern als einen klassischen Staat der Aufklärung und der Modernisierungsprogramme. Preußen war es – neben Österreich –, das die Deutschen aus der Ruhe ihrer begrenzten und gehegten Existenz aufgestört und herausgerissen hatte – ein oft gewaltsamer, oft auch stockender Prozess, der vom Regierungsantritt Friedrichs II. bis zur Reichseinigung viel Sympathie auf der Seite der Fortschrittsfreunde gefunden hatte. Es wurde Preußen verübelt, dass es nicht energischer voranging, nach den Befreiungskriegen ein Bündnis mit der Reaktion schloss und in der »Heiligen Allianz« die Wahrung des Status quo zur vornehmsten Aufgabe erkor. Aber selbst dann noch taugte es als Gegenbild zu den »Schönwetterstaaten«, wie Golo Mann einmal Bayern,

Sachsen oder Württemberg genannt hat. »Mit dem ohnmächtigen alten Deutschland«, heißt es bei Straub, »das heute andächtig als Vorbild der Bundesrepublik beschworen wird, verbanden liberale Geister seit dem frühen neunzehnten Jahrhundert nur Krähwinkel, Spießbürgertum, Schlafmützigkeit, Philisterunwesen, Korruption.«

Dagegen stand der Beamtenstaat, geboren aus der Notwendigkeit, ein stehendes Heer zu finanzieren. In der Beamtenschaft entstanden die Kodifizierungen des Rechts, die durch lebhaftesten Austausch zwischen Berlin und Weimar vorbereitete Bildungsidee und die Reformen zur Freisetzung der Individuen aus den Bindungen der ständischen Gesellschaft. Es bedarf schon einer besonderen Verengung des Blicks, um in dem auf diese Weise – dank Rechtsstaat, Wehrpflicht und höherem Bildungswesen – entwickelten Staatsbürgerbewusstsein vor allem Untertanengeist zu entdecken. Zu zahlreich sind die Beispiele von Insubordination, Kühnheit vor Königsthronen, Selbstbehauptung und geistiger Selbständigkeit. Man denke nur an den Offizier Heinrich von Kleist und den Beamten E.T.A. Hoffmann, an die Zöglinge preußischer Universitäten Marx und Engels. Eberhard Straub hütet sich glücklicherweise vor Übertreibungen in die eine wie in die andere Richtung. Er rückt die Dinge zurecht und verabschiedet dabei auch manche unausrottbar scheinende Hilfskonstruktion. Preußen sei ein auffallend künstliches Gebilde? Nicht mehr als andere Staaten auch. Der moderne Staat ist ja gerade dadurch definiert, dass er nichts Naturwüchsiges an sich hat, eine durch und durch künstliche Maschinerie in Gang setzt. Preußen besitze einen Januskopf aus Militär und Kultur? Dies waren, anders als das Klischee von dummen Leutnanten und das idealisierte Bild von höherer Kultur nahelegen, keine Gegensätze. Gerade die enge Verzahnung von Bildung, Kultur und Soldatentum zeichneten die preußische Entwicklung aus: mit gebildeten Offizieren und einem gelehrten Generalstab, der die Verwissenschaftlichung der Kriegsführung ins Extrem trieb.

Der Historiker Eberhard Straub, 1940 in Berlin geboren, hat sich in seiner langen Laufbahn als Wissenschaftler und Journalist mit vielen Themen beschäftigt, Studien zur spanischen, bayerischen und österreichischen Geschichte verfasst. Daher ist er in der Lage, von außen auf Preußen zu schauen. Ein ungläubiges Lächeln hat er für jene übrig, die in der Rückbesinnung auf »preußische Tugenden« ein Heilmittel für die Gegenwart erblicken: »Es ist Geschichte, nichts weiter.« Ihn fasziniert daran das Unverzagte, der Wagemut derer, die mehr aus sich machen wollen. »Wir wenigstens wissen, daß wir nichts taugen, und in dieser Erkenntnis ist die Möglichkeit der Besserung gegeben«, heißt es in Fontanes »Schach von Wuthenow«. Aus diesem Geist heraus hat Eberhard Straub 2002 erwogen, ob der Name »Preußen«, zunächst eine bloße Schmuckformel, die Deutschen nicht veranlassen könnte, über ihren Schatten zu springen: »Es liegt an den Brandenburgern und Berlinern, die Deutschen davon zu überzeugen, daß es sich lohnt, Preußen zu revitalisieren und damit ganz Deutschland zu beleben.«

Es ist anders gekommen. Die Kleider der Königin Luise und die Tabatieren Friedrichs II. dienen heute in der Region – wie Bauernmöbel und Bilder sinnenfroher Äbte in West- und Süddeutschland – zur Ausstattung der Geschichte als öffentliche Wärmestube. Aber das nimmt dieser essayistischen »Kleinen Geschichte Preußens« nichts von ihrer Suggestivität und Frische.

»Bewundert viel und viel gescholten«

»Der Staat Preußen, der seit jeher Träger des Militarismus und der Reaktion in Deutschland gewesen ist, hat in der Wirklichkeit zu bestehen aufgehört.« Mit diesen knappen Worten wurde am 25. Februar 1947 das Gesetz zur Auflösung Preußens eingeleitet. Das Gesetz der Alliierten war überflüssig. Denn der Staat Preußen hatte spätestens mit dem Gesetz zum Neuaufbau des Reiches vom 30. Januar 1934 im Zuge der Gleichschaltung seine ohnehin schon beschränkte Selbständigkeit verloren. Auf seinem ehemaligen Staatsgebiet, soweit nicht polnischer Verwaltung übergeben, bildeten sich gleich nach dem Krieg mit Billigung der Sieger neue Länder. Preußen war also schon von der Landkarte verschwunden, als ihm 1947 sein Totenschein ausgestellt wurde. Die Geschichte ist das große Weltgericht. In diesem Sinne wollten die Sieger es sich nicht nehmen lassen, wie im alten Rom über Preußen die *damnatio memoriae* zu verhängen, die Erinnerung an seine Existenz auszulöschen.

Preußen galt schon während und nach dem Ersten Weltkrieg als der Störenfried, der dauernd Feindschaft säte unter den Völkern. Im Juni 1919 hatten die damaligen Sieger die Reichsregierung eindringlich daran erinnert, dass »die ganze Geschichte Preußens durch den Geist der Beherrschung, des Angriffs und des Krieges« bestimmt gewesen sei. Dieser »preußische Geist« strebte, nachdem er sich 1871 Deutschland unterworfen hatte, ruhelos zum Schaden aller danach, »höchste und autokratische Gewalt« in Europa zu erringen. Er verführte Deutschland, Abwege einzuschlagen, die »in der Geschichte der Menschheit fast beispiellos« sind. Es war nicht unbedingt Deutschland, das den Frieden störte. Es war Preußen, das Deutschland vergewaltigte und damit von sich selbst entfremdete. Diese »Lastenverteilung« war nichts Neues. Schon die besiegten Franzosen hatten nach der Reichsgründung 1871 die Idee von »den beiden Deutschland« entwickelt.

Das eine, gutherzig verträumt, nur an musischen und philosophischen Konstruktionen interessiert, ruht bedürfnislos in sich selbst und befindet sich im Einklang mit der Menschheit. Das andere, durch Preußen verdorben, kennt nur wirtschaftlichen und politischen Ehrgeiz, erhebt nationale Ansprüche und irritiert mit seinem Mangel an Idealismus alle übrigen Völker. Die Deutschen können also zu ihrem wahren Charakter zurückfinden, wenn sie die Vorherrschaft Preußens abschütteln oder von ihr befreit werden. Im Anschluss an solch pädagogische Absichten wurde 1947 das vollzogen, wozu es 1919 an Macht gefehlt hatte, die Befreiung von Preußen, »geleitet von dem Interesse an der Aufrechterhaltung des Friedens und erfüllt von dem Wunsche, die weitere Wiederherstellung politischen Lebens in Deutschland auf demokratischer Grundlage zu sichern«.

Knapp hundert Jahre früher, in einem Leitartikel der »Times«, wurde Preußen 1854 allerdings wegen seiner Friedfertigkeit schroff getadelt. Die Preußen entzogen sich damals dem stürmischen Werben, auf Seiten Englands, Frankreichs und Österreichs, auf Seiten der »Zivilisation« gegen das »Reich der Finsternis« zu kämpfen, gegen Russland. Eine klassische Großmacht sollte aus

Europa abgedrängt, auf ein Großfürstentum Moskau reduziert werden. Das war eine revolutionäre Idee. Preußen liebte keine Revolutionen und hatte kein Verlangen, das System der fünf Großmächte umzustürzen, das nur zusammen mit einem selbstsicheren Russland funktionieren konnte.

Preußen wahrte hartnäckig seine Neutralität, sorgte für die des Deutschen Bundes und hemmte erfolgreich Österreichs Versuche, die Mitte Europas auf den »Westen« zu verpflichten, der sich erstmals, wenn auch nur vorübergehend, als eine ideologische Wertegemeinschaft verstand. Preußens Neutralität verhinderte das Auswuchern des Krimkrieges zu einem Weltkrieg. Die »Times« bemerkte unwirsch: »Preußen wird immer verhandeln, aber es findet nie einen Entschluß. Es findet sich gerne auf Kongressen ein, aber es fehlt auf den Schlachtfeldern. Es ist immer bereit, eine Menge von Idealen und Gefühlsmomenten vorzubringen, aber seine Politik scheut zurück vor allem, was nach Realität und Aktualität schmeckt. Preußen besitzt eine starke Armee, aber diese ist bekanntermaßen nicht in der Lage zu fechten. Niemand rechnet mit Preußen als Freund, niemand fürchtet es als Feind. Wie Preußen zu einer Macht wurde erzählt uns die Geschichte; wie es eine bleiben will, kann niemand sagen.«

Den Preußen wurde ihre mangelnde Bereitschaft vorgeworfen, unüberlegt wie die anderen das Schwert aus der Scheide zu ziehen. Seit »jeher« stand es offenbar nicht in dem Ruf, aus widerwärtigem Machthunger zu allen erdenklichen Schandtaten bereit zu sein. Noch früher, 1815, feierte der liberale Benjamin Constant Preußen und Engländer, weil sie gemeinsam mit der Vernichtung Napoleons und des revolutionären Frankreich »das menschliche Antlitz wieder zu Ehren gebracht« hätten. Engländer sahen darin keine Schmeichelei eines beflissenen Besiegten. Sie fühlten sich und ihren preußischen Waffenbruder vollkommen verstanden.

Das Bild von Preußen änderte sich erst und allmählich, als die Preußen das deutsche Reich geschaffen hatten, seit sie »deutsch« oder die Deutschen eben »preußisch« geworden waren. Darüber gab es keine Klarheit. Die zwei Mal besiegten Deutschen wurden 1919 und 1947 sofort wieder gebraucht. Es empfahl sich daher, die Deutschen nicht insgesamt, sondern vornehmlich die Preußen für all das verantwortlich zu machen, was die 1947 längst uneinigen Alliierten zuvor zu ihrem energischen bewaffneten Einspruch gezwungen hatte. Das gehört zu den Ambivalenzen einer »Geschichtspolitik«, einer Politik, die sich mit Rückgriffen auf die Vergangenheit rechtfertigt. Wie die Erinnerungen präpariert werden, das hängt vom Augenblick ab, davon, welcher Vorteil und Effekt erwartet wird.

Die Deutschen erleichterte es 1947 ungemein, dass es die Preußen waren, die so viel Unheil über sie gebracht hatten. Ein Deutschland ohne Preußen, wie es ihnen empfohlen wurde, war für sie keine Zumutung. Der große Quälgeist, der sie so oft in ihrer Gemütlichkeit unterbrochen und auf dumme Gedanken gebracht hatte, war verschwunden. Er wurde nicht vermisst. Nach all den Zusammenbrüchen überfiel die Deutschen ein heftiges Sehnen nach dem Bleibenden. Was blieb, das Unzerstörbare, das waren die Heimaten, die historischen Länder. Sie glühten verheißungsvoll auf unter den Trümmern der preußischen Überlagerungen.

Nachdem dieser Schutt beseitigt worden war, richteten sich die Deutschen in ihrem vertrauten Klein- und Sonderleben ein. »Wohl dem, der eine Heimat hat«, damit trösteten sie sich und suchten sich ihrer jeweiligen

Identität zu vergewissern. Die bald überbeschäftigte Landeskunde an Universitäten und anderen Fortbildungsanstalten lenkte den Blick zurück auf milde Barockprälaten, sinnenfrohe Äbte, treuherzige Landesfürsten, auf Bürgerfleiß und Bauernmöbel. Die Geschichte wurde zu einer öffentlichen Wärmestube. Sie wurde es umso mehr, je hartnäckiger ansonsten die Vergangenheit bewältigt, verarbeitet, duchgearbeitet werden sollte. Die Vergangenheit hat etwas mit Preußen zu tun. Die Geschichte hingegen ist offensichtlich eine »preußenfreie Zone«. Vergangenheit hängt mit dem Nationalsozialismus zusammen und allem, was ihn vorbereitete. Da hat Preußen seinen Platz. Aber die Räume vor der Vergangenheit sind unbelastet. Sie veranschaulichen, »woher wir kommen und wohin wir gehen«.

Nordrhein-Westfalen würdigt gern den eleganten Wittelsbacher Clemens August, Mitte des achtzehnten Jahrhunderts Erzbischof und Kurfürst von Köln, als den genialen Raumplaner, der das rüstige Bundesland ahnungsvoll vorwegnahm. Da er auch Bischof von Münster, Paderborn, Osnabrück und Herzog von Westfalen war, vereinigte er, was zueinander gehört, wie die Erfahrung seit 1945 glücklich bestätigt habe. Dabei handelt es sich bei Nordrhein-Westfalen um ein Bruchstück des ehemaligen Preußen: um die leicht verkürzte Rheinprovinz, zusammen mit der Provinz Westfalen. Ohne preußische Vorarbeit gäbe es dieses Land gar nicht. Vor der preußischen Epoche tummelte sich da lediglich eine Unzahl kleiner und größerer Herrschaften, darunter auch solche, die schon zu Brandenburg gehörten, als es noch nicht einmal Ostpreußen besaß, von dem sich der spätere Name Preußen herleitet.

Duisburg war 350 Jahre lang eine brandenburgisch-preußische Stadt, übrigens ohne ein Fernweh nach

Nordrhein-Westfalen verspürt zu haben. Kann es sich heute wieder eine Universitätsstadt nennen, dann vorzugsweise deshalb, weil der Große Kurfürst dort 1655 eine Universität eingerichtet hatte, die bis 1818 bestand. Mit der heutigen Universität wurde nur an eine unterbrochene brandenburgisch-preußische Tradition wieder angeknüpft. Am Rhein war man durchaus mit Preußen vertraut. Wer als Neupreuße 1815 dazustieß, bemerkte alsbald, welche wirtschaftlichen Möglichkeiten ein Großraum bot. Die Kaufleute und Unternehmer strebten, wenn sie verstimmt über Preußen waren, nicht nach einem Nordrhein-Westfalen, sondern nach einem einigen Deutschland, nach noch größeren Verhältnissen.

Man könnte die Beispiele beliebig fortführen. Der größte Teil der heutigen Bundesländer besteht aus Fragmenten Preußens, die länger oder kürzer mit dem verschwundenen Staat zusammenhingen und darüber mit Preußen eine gemeinsame Geschichte haben, die nicht nur peinliche Vergangenheit war. Aus Scheu vor Preußen fürchteten manche unter dem Eindruck der Wiedervereinigung, Deutschland werde jetzt unter Umständen preußischer. Wer es mit der ehemaligen DDR in Bonn ganz böse meinte, der schalt sie ein »rotes Preußen«. Doch das »rote Preußen« enthielt weniger territoriale Substanz des alten Preußen als die frühere Bundesrepublik. Mit Sachsen, Thüringen und Mecklenburg traten drei weitere zu den beiden Ländern hinzu, die tatsächlich stets unabhängig von Preußen blieben.

Aber selbst Bayern und Württemberg umfassen Gebiete, Ansbach-Bayreuth und Hohenzollern-Sigmaringen, die als Stammlande der Hohenzollern mit Brandenburg-Preußen lockerer oder enger verbunden waren. Auch Süddeutschland ist nicht frei vom »preußischen Bazillus«, mit dem die Urpreußen, nämlich die Brandenburger, vom Süden aus überhaupt erst bekannt gemacht wurden. Das gilt erst recht, wenn es um den Nationalsozialismus geht. Adolf Hitler aus dem oberösterreichischen Innviertel kam über München nach Berlin und brachte auffallend viele Gefolgsleute nach Preußen, die nicht aus Preußen stammten und auch gar nicht vorhatten, Preußen zu werden. Sie wollten Nationalsozialisten sein und bleiben. Ihre Bewegung sollte alle Sonderbestrebungen überwältigen, was auch hieß, Preußen ins nationalsozialistische Großreich zu überführen.

Es war nicht ein aggressives Preußen, das nach einem Großreich strebte. Es war eine aggressive Partei, die sich, sofern sie ihre Ziele überhaupt mit historischen Erinnerungen begründete, auf das alte römisch-deutsche Reich berief oder vielmehr auf unbestimmte »Reichsideen«, die da hineinprojiziert wurden. Gerade Preußen wurde aber immer vorgeworfen, das alte Reich gesprengt zu haben, eine Gegenkraft zu dessen Idee gewesen zu sein. Zumindest reichsfrohe Katholiken vom Rhein bis zur Donau sahen das so.

Der preußische Staat galt als unvereinbar mit dem Reich, weil dessen Staatsgesinnung notwendigerweise in Widerspruch zu unklaren Gemeinschaftsbildungen geraten musste, die nur funktionierten, solange nicht der rationalisierende Organisationswille des Staates ihr naturwüchsiges Leben hinderte. Ein Reich kann einen Führer haben mit weitreichenden und undefinierten Machtmöglichkeiten. Im Staat hingegen wird regiert, zuweilen, wie manchmal auch in Preußen, allzu viel regiert – aber entsprechend einer Rechtsordnung durch dazu berechtigte Institutionen mit stets begrenztem Auftrag. Der Nationalsozialismus wollte wie die sonderbaren Schwärmer vom Reich, vom Dritten Reich, gerade den Staat und damit eben auch preußische Traditionen überwinden.

Eine bewusste Trennung von Preußen und Deutschland führt also nur zu Widersprüchen und Hilflosigkeiten. Es gibt nur eine deutsche Geschichte, zumindest seit dem neunzehnten Jahrhundert. Eine gemeinsame eben auch in Schuld und Verstrickung, wie sehr theologisch alles bezeichnet wird, was unmittelbar auf das Unheil (ebenfalls ein sehr theologischer Begriff) hinweist, das zur deutschen Geschichte im zwanzigsten Jahrhundert dazugehört. Der deutsche Nationalismus, der im zwanzigsten Jahrhundert zu schrecklichen Auswüchsen führte, entsprang doch nicht allein militärgestützter Machtgier reaktionärer Junker aus dem ostelbischen Preußen. Der deutsche Nationalismus empfing erhebliche Energie gerade aus dem Südwesten, aus allen Kleinstaaten mit ihrer örtlich begrenzten Liberalität.

Entgegen der föderalistischen Legende strebten die Deutschen hinaus aus ihrem Kleinleben in größere Verhältnisse. Sie fühlten sich beengt und wünschten den Großstaat, die Nation. Deswegen hofften sie – je liberaler, desto ungeduldiger –, dass Preußen als europäische Großmacht sich ihre Sehnsüchte zu eigen machen werde. Wenn damals etwas an Preußen irritierte, dann sein Zögern, sich darauf unbedingt einzulassen. Es war sicherlich nicht falsch, in antipreußischer Gesinnung daran zu erinnern, dass die alle Deutschen umfassenden Ordnungen wie der Deutsche Bund und das Römische Reich nicht die verächtlichen Gebilde waren, zu denen sie eine streng borussische Geschichtsschreibung verzerrte. Aber schon Goethe wurde 1806 höchst ungeduldig, als er die Sehnsucht nach einem Reich beobachtete, das jedem gleichgültig war, solange es noch bestand.

Die Idyllen im deutschen Sonderleben, die jetzt eine so liebenswürdige Nachsicht erfahren, fielen zumindest den beweglichsten Geistern seit dem Ende des achtzehnten Jahrhunderts auf die Nerven. Sie vermissten das alte Reich mit seinen rechtlichen Absurditäten nicht, als es 1806 erlosch. Sie glaubten, nichts verloren zu haben, als der Deutsche Bund von 1815 zwischen 1866 und 1871 endgültig von dem neuen Bund, dem durch Preußen hergestellten Deutschen Reich, abgelöst wurde. Im Gegenteil: Sie empfanden es als Erlösung aus dumpfer Provinzialität.

Mit dem ohnmächtigen alten Deutschland, das heute andächtig als Vorbild der Bundesrepublik beschworen wird, verbanden liberale Geister seit dem frühen neunzehnten Jahrhundert nur Krähwinkel, Spießbürgertum, Schlafmützigkeit, Philisterunwesen, Korruption. Das Urteil mag ungerecht gewesen sein. Doch kein anderer als Goethe hatte ihnen so das Frankfurt seiner Jugend geschildert. Manche unerfreulichen und weltfremden Übersteigerungen im deutschen Nationalismus haben ihre Wurzeln in dem unbedingten Willen, nicht weiter kleinlich im Kleinlichen fröstelnd beben zu müssen, wie Goethe ein ihm sehr vertrautes Unbehagen umschrieb.

Preußen, wie übrigens auch Österreich, war eine Großmacht oder ein Großstaat mit einer Hauptstadt, die, wenigstens für deutsche Vorstellungen, als Großstadt gelten durfte. Die Hitzewellen deutscher Frustrationen spürten Preußen damals um einige Grade abgekühlter. Großmächtig schauten sie oft herab auf die Bedürftigen, die in Duodezfürstentümern darbten. Ihre Lieblosigkeit war berüchtigt. Es war keine Lieblosigkeit. Schließlich ließen sie jeden Preußen werden, der es werden wollte. Es handelte sich nur um Selbstbewusstsein, etwas, worüber bis dahin sonst nur Österreicher verfügten. Die zwischen Preußen und Österreich siedelnden Deutschen aber sehnten sich spätestens seit 1848 nach Selbstbewusstsein. Es musste sich eine explosive Mischung ergeben, wenn die Weltabgewandten, immer beschäftigt mit theologischem oder philosophischem Streit, ihre abstrakten Wünsche mit der Wirklichkeit, der Politik, der Macht, der Welt als Geschichte und ihren Heilsversprechen verknüpften. Die kleine deutsche Welt wollte erstmals 1848 revolutionär zur großen Welt werden. Das führte zu manchen preußisch-deutschen Wirrungen und deutsch-österreichischen Missverständnissen. Sie sind nicht nur den Preußen zuzuschreiben.

Marlene Dietrich, die Deutschland 1932 verließ, hat sich klar von Deutschland distanziert. Im hohen Alter sagte diese Weltbürgerin dennoch von sich: »I'm the last Prussian.« Ganz offensichtlich vermochte sie in Preußen, zu dem sie sich mit dem Ausspruch bekannte, keine böse dämonische Kraft zu erkennen. Ihr Preußentum bestätigte sie damit, ihre Pflicht im Dienst der Kunst oder der kunstvollen Unterhaltung zu tun. Ihr Preußentum vollendete sich für sie aber darin, als Soldat gekämpft zu haben. Sie romantisierte ihre Kriegszeit erheblich. Doch sie war stolz darauf, ihrer verdammten Pflicht und Schuldigkeit nachgekommen zu sein, dem Gebot, den inneren Schweinehund zu mißachten, gehorcht zu haben. Mit äußerster Unbefangenheit sprach sie von Gewohnheiten, die spätestens seit dem Verdikt der Allierten Preußen zum Hort des Militarismus gemacht hatten: dienen, gehorchen, Pflichten erfüllen, soldatisch leben.

Marlene Dietrich, die bekennende Preußin, war ein Weltstar. Sie beherzigte auf ihre Art den Wunsch eines anderen Preußen, Heinrich von Kleists: »Das Kriegsgesetz, das weiß ich wohl, soll herrschen/jedoch die lieblichen Gefühle auch.« Marlene Dietrich oder Heinrich von Kleist repräsentieren nicht ein anderes Preußen. Sie sind Ausdruck Preußens. Wie jeder Einzelne ist das

»große Individuum«, wie Hobbes den königlichen Staat nannte, unerschöpflich. Achim von Arnim, der romantische Junker, schilderte seinen Freund, den Junker Heinrich von Kleist, als eine »sehr eigentümliche, ein wenig verdrehte Natur«, wie sie sich unweigerlich ergebe, wenn »sich Talent aus der altpreußischen Montierung durcharbeitet«.

Diese Charakterisierung lässt sich mühelos auf die ein wenig verdrehte Natur Preußens übertragen, weil es immer wieder herausgefordert wurde, sich zu häuten, eine altpreußische Montierung abzustreifen, um dennoch als das allerneueste Preußen preußisch wie eh und je zu wirken. Ein »ewiges« Preußen hat es nie gegeben. Erst seitdem es tot ist, eben verewigt wurde, steht es auf den Äckern landesgeschichtlicher Kulturarbeit als Vogelscheuche herum, um die Früchte ihrer gemeinschaftskundlichen Sorgfalt zu schützen: Westbindung und demokratische Wertegemeinschaft.

Es fällt schwer, Preußen mit den Glaubensgrundsätzen der bundesrepublikanischen Orthodoxie zu verbinden. Es führt kein Weg aus Preußen in das Deutschland von heute. Aber selbst dieses Deutschland gäbe es nicht, wenn nicht Preußen einstmals deutsche Hoffnungen erfüllt hätten. Das Bonner Verfassungsgebot seit 1949 galt nicht der Wiedervereinigung mit Österreich. Die war vorbei und verwirkt. Es bezog sich auf den Rest des preußisch-deutschen Reiches, auf die Wiedervereinigung mit der sogenannten DDR, wie es damals hieß. Auch die antipreußischen Deutschen konnten sich kein anderes Deutschland mehr vorstellen als das von Preußen geschaffene.

Ernüchtert von größtdeutschen Träumen österreichischer Provenienz, beschied man sich nach 1949 aufs Mögliche und damit – unter ganz anderen Gegebenheiten – abermals auf die preußisch-pragmatische Lösung, ohne dabei an Preußen überhaupt zu denken. 1990 gaben Russen und Amerikaner Deutschland seine Einheit. Eine Angst vor Preußen hatten sie dabei nicht. Verständlicherweise, wenn der letzte Preuße, Marlene Dietrich, in einem Pariser Hotel auf den Tod wartete. Begraben ist sie im ehemals preußischen Berlin. Dort schlafen, wie in Pompeji, viele Erinnerungen. Sie stören Deutsche nicht weiter. Denn Preußen wie Österreich, das als sein Zwilling nicht vergessen werden darf, gesellen sich als untergegangene Kulturen und Lebensformen zu den griechisch-römischen hinzu.

Seit dem Untergang Griechenlands und Roms gibt es in Europa nur zwei vergleichbare Fälle, die abgeschlossen vorliegen, ganz der Vergangenheit angehören und die Gegenwart nur indirekt berühren: Preußen und Österreich. Rheinländer und Bayern pflegen ihre römischen Erinnerungen, hüten sie wie einen Schatz und suchen ihn als Schatzgräber zu erweitern. Denn dieses Erbe unterscheidet sie von anderen Deutschen. Preußen lässt sich ebenso archäologisch behandeln, nur dass die ehemalige Verbindung mit Preußen die Deutschen untereinander anzunähern vermag. Das Schreckgespenst ihrer Seele ist Preußen ja nur, weil sie, befangen in ihren provinziellen Bezügen, es bereuen, je Hoffnungen auf Preußen gesetzt zu haben. Doch vielleicht haben sie sich mehr in Preußen getäuscht, als dass sie von ihm enttäuscht wurden.

Ein Adler mit gelähmten Schwingen

Preußen wird meist im abschätzigen Sinn jung und neu genannt. Eine preußische Geschichte gibt es erst seit dem 18. Januar 1701. Damals krönte sich Friedrich III. von Brandenburg zum König in Preußen. Sein Königtum gründete sich auf Ostpreußen, das nicht zum Reich gehörte. Doch Armee und Behörden waren von nun an königlich-preußische, nicht königlich-ostpreußische, und gegen Ende des Jahrhunderts hatte es sich allmählich eingebürgert, den Gesamtstaat mit all seinen verstreuten Besitzungen Preußen zu nennen. Der moderne Staat ist ein neues Phänomen, ein Ergebnis der Neuzeit. Insofern sind alle Staaten jung und neu.

Gilt Preußen als jüngste Großmacht, so besagt auch das nicht viel. Österreich wurde erst nach den Türkenkriegen und dem spanischen Erbfolgekrieg 1714 zu einer europäischen Großmacht. Davor war es ein Anhängsel der spanischen Monarchie. Russland wurde während dieser Zeit unter seinem ersten Kaiser, Peter dem Großen, zu einer Großmacht. Auch England trat erst damals in die Gruppe der Großmächte ein, die sich im Laufe des Jahrhunderts zum System der fünf Mächte zusammenschlossen, nach ihren Vorstellungen über Krieg und Frieden entschieden und dementsprechend die immer weichen Grenzen der Staaten verschoben. Preußen verspätete sich nicht sonderlich. Es nutzte wie die anderen die Gunst der Stunde.

Dennoch ist es nicht von heute auf morgen entstanden. Sein Kern war Brandenburg, nicht Preußen. Die Geschichte Brandenburgs reicht weit zurück bis ins zwölfte Jahrhundert. Seit 1150 gab es die Markgrafen von Brandenburg, die seit dem dreizehnten Jahrhundert zu den Fürsten gerechnet wurden, die berechtigt waren, den Kaiser zu wählen. Diese sieben Kurfürsten, wie sie im Reichsgrundgesetz, der Goldenen Bulle von 1356, aufgeführt werden, beanspruchten von vornherein als vornehmste Fürsten des Reiches königlichen Rang. Der Markgraf von Brandenburg gehörte also zum exklusivsten Kreis der Reichsaristokratie.

Die Hohenzollern bekamen die Kurwürde und die Mark zwar erst 1415 von Kaiser Sigismund verliehen, dennoch handelt es sich bei ihnen mitnichten um ein junges Geschlecht, um »Parvenüs«. In Schwaben und Franken waren sie seit dem elften Jahrhundert bekannt, bald schon mit dem hohen Adel Süddeutschlands verschwägert. Früher machten sich auch die Grafen von Habsburg oder von Wittelsbach nicht bemerkbar. Die großen Dynastien Deutschlands, sieht man von den Welfen ab, die in die karolingische Zeit zurückreichen, sind »gleichaltrig«. Der erste Kurfürst unter den Hohenzollern, der kaiserliche Burggraf von Nürnberg, Friedrich, war so angesehen, dass er 1440 vielen als der geeignete Kaiser erschien. Die Kurfürsten entschieden sich dennoch für einen anderen Friedrich, für einen Erzherzog. Dieser Kaiser Friedrich III., als des Heiligen Reiches Erzschlafmütze gescholten, verfolgte unauffällig seinen Weg, damit sich das Wort erfülle: Alles Erdreich ist Österreich untertan, dem Hause Österreich, das als spanische *casa de Austria* ein Weltreich verwalten sollte. Seitdem blieb die Reichskrone gleichsam in Erbpacht bei den Habsburgern. Insofern war die Wahl für die weitere Geschichte Brandenburgs und Preußens bedeutungsvoll.

Albrecht Achilles, von 1470 bis 1486 Kurfürst von Brandenburg, zählt als prunkliebender, festfroher Fürst und Heerführer im Herbst des deutschen Mittelalters zu den elegantesten Raufbolden. Der Inbegriff ritterlicher Kraft und höfischer Manieren bemühte sich aber auch darum, die Waffen mit dem Geist zu versöhnen. Einer seiner Freunde war der Humanist Aeneas Piccolomini, der spätere Papst Pius II., der längere Zeit in kaiserlichen Diensten stand. Albrecht erließ 1473 die Dispositio Achillea, mit der er die Unteilbarkeit der Mark verfügte. Noch immer war es Brauch, den Hausbesitz unter den Söhnen zu teilen. Doch die Mark Brandenburg brachte zu wenig Einkünfte, um mehreren Prinzen aus ihren Bruchstücken ein standesgemäßes Leben zu erlauben. Die Grundlage der Macht und des Reichtums der Hohenzollern lag in Franken, in Ansbach, Bayreuth und Kulmbach, das jetzt allerdings von Brandenburg getrennt wurde. Zum Vorteil der »Streusandbüchse« des Heiligen Römischen Reiches, wie Brandenburg genannt wurde, weil sich von nun an der brandenburgische Zweig der Hohenzollern ausschließlich um das Kurfürstentum kümmerte. Bislang hatten sie, die als Süddeutsche dort nicht einmal begraben sein wollten, es wie ein Nebenland regiert. Zum Sterben begaben sie sich allemal zurück in die angestammte süddeutsche Heimat. Das hörte nun auf.

Brandenburg war tatsächlich im Vergleich zum wohlhabenden Süden ein armes Land, war immer noch oder schon wieder Kolonie. Seit dem Ende des elften Jahrhunderts wanderten Flamen, Friesen und Westfalen ostwärts, um hinter der Elbe neues Land zu gewinnen, das damals im Westen bei zunehmender Bevölkerung knapper wurde. Die deutsche Ostkolonisierung vollzog sich

Stammtafel des Hauses Hohenzollern
Brandenburgisch-Preussische Linie

Buchard
(† 1061)
Graf von Zollern

Friedrich IV. (I.)
(† 1200)
Graf von Zollern
seit 1192 Burggraf
von Nürnberg

Konrad III. (I.)
(† 1261)
Burggraf von Nürnberg
Stammvater der fränkischen Linie

Friedrich II.
(ca. 1188 – 1251)
Graf von Zollern
Stammvater der schwäbischen Linie

Friedrich VI. (I.)
(1371 – 1440)
Burggraf von Nürnberg
seit 1415 Markgraf von Brandenburg
und Kurfürst

Friedrich II. der Eiserne
(1413 – 1471)
bis 1470 Kurfürst

Albrecht III. Achilles
(1414 – 1486)
ab 1470 Kurfürst

Johann Cicero
(1455 – 1499)
Kurfürst

Friedrich IV.
(1460 – 1536)
Markgraf von Ansbach
und Bayreuth

Joachim I. Nestor
(1484 – 1535)
Kurfürst

Albrecht
(1490 – 1568)
letzter Hochmeister
des Deutschen Ordens, ab 1525
Herzog in Preußen

Joachim II. Hektor
(1505 – 1571)
Kurfürst

Albrecht Friedrich
(1553 – 1618)
Herzog in Preußen

Johann Georg
(1525 – 1598)
Kurfürst

Anna von Preußen
(1576 – 1625)
⚭ *Johann Sigismund,*
Kurfürst von Brandenburg

Joachim Friedrich
(1546 – 1608)
Kurfürst

Johann Sigismund
(1572 – 1619)
Kurfürst
⚭ *Anna von Preußen*

Georg Wilhelm
(1595 – 1640)
Kurfürst

Friedrich Wilhelm
(1620 – 1688)
der Große Kurfürst

Friedrich III. (I.)
(1657 – 1713)
Kurfürst von Brandenburg
König in Preußen

Friedrich Wilhelm I.
(1688 – 1740)
König in Preußen
⚭ *Sophie Dorothea von Hannover*

Friedrich II. der Große
(1712 – 1786)
König von Preußen
⚭ *Elisabeth Christine von Braunschweig-Bevern*

August Wilhelm
(1722 – 1758)
⚭ *Luise Amalie von Braunschweig-Wolfenbüttel*

10 Geschwister erreichen das Erwachsenenalter

Friedrich Wilhelm II.
(1744 – 1797)
König von Preußen
⚭ *Friederike Luise von Hessen-Darmstadt*

Friedrich Wilhelm III.
(1770 – 1840)
König von Preußen
⚭ *Luise zu Mecklenburg-Strelitz*

Friedrich Wilhelm IV.
(1795 – 1861)
König von Preußen
⚭ *Elisabeth von Bayern*

Wilhelm I.
(1797 – 1888)
König von Preußen
Deutscher Kaiser
⚭ *Augusta von Sachsen-Weimar*

7 Geschwister erreichen das Erwachsenenalter

Friedrich III.
(Friedrich Wilhelm)
(1831 – 1888)
König und Kaiser
⚭ *Viktoria von England*

2 Geschwister erreichen das Erwachsenenalter

Wilhelm II.
(1859 – 1941)
König und Kaiser
⚭ *Auguste Viktoria zu Schleswig-Holstein*

6 Geschwister erreichen das Erwachsenenalter

- - - - - - - - - unvollständige Herrschaftsfolge

unsystematisch bis in die Mitte des vierzehnten Jahrhunderts. Wie alle Auswanderungsbewegungen war es eine Bemühung, Freiheit und Wohlstand, eben Selbständigkeit zu wahren oder zu erwerben. Gerade die Freiheit der Bauern wurde damals empfindlich im nördlichen Westen eingeschränkt. Der Osten war ein Land der Verheißung, auch im Sinne eines religiösen Auftrags, die Heiden zu missionieren. Geistlicher Idealismus und ganz handfeste Hoffnungen verbanden sich zwanglos miteinander. Die Ostkolonisierung gehört wie die Kolonisierung Südwesteuropas durch die Römer zu den folgenreichsten historischen Vorgängen in Europa, auch wenn von einem »Drang nach Osten«, wie es im neunzehnten Jahrhundert hieß, nicht die Rede sein kann.

Wie jede Kolonialbewegung stieß sie bei den Einheimischen, in diesem Falle bei der slawischen Bevölkerung, auf unterschiedliche Reaktionen: Widerstand, Unterwerfung oder Zusammenarbeit. Sie war Eroberung und friedliche Durchdringung zugleich, da die Kolonisten oft von slawischen Fürsten selbst ins Land gerufen und mit Freiheiten versehen wurden. Denn die Kolonisierung bedeutete Kultivierung. Noch waren im dünnbesiedelten Osten weite Flächen Urwald, die erst zu Kulturlandschaften gerodet oder trockengelegt werden mussten, um Ackerland zu gewinnen. Eine konsequente Germanisierung war nicht angestrebt, auch wenn erhebliche Teile des Kolonialgebiets allmählich dem Reich eingegliedert wurden. Eine bewusste »deutsche Kulturmission«, die im neunzehnten Jahrhundert beschworen wurde, lag in vornationalen Epochen außerhalb des Vorstellungsvermögens. Die slawisch-deutschen Oberschichten, Landadel und städtisches Bürgertum, verschmolzen am raschesten, wobei die Slawen sich in die deutsche Sprache eingewöhnten und in die westeuropäische Zivilisation, die Händler, Handwerker, Techniker und Missionare verbreiteten. Aber es kam auch vor, dass sich Deutsche der polnischen Mehrheit anpassten. Die Bauern, noch weitgehend unbelastet von Herrschaftsdiensten, lebten nebeneinander und miteinander.

Die Sorben in der Lausitz mit ihrer eigenen Sprache (die sie bis heute bewahrt haben) waren keine Ausnahme. Bis ins achtzehnte Jahrhundert erhielten sich zusammenhängende Siedlungen in Brandenburg, Pommern oder der Neumark östlich der Oder, in denen slawische Dialekte oder Polnisch überwogen. Immerhin vermochten sich die meisten Kurfürsten und ersten Könige Brandenburg-Preußens gewandt oder umständlicher auf Polnisch auszudrücken. Erst Friedrich der Große verzichtete darauf, diese Sprache zu lernen, um sich allen seinen Untertanen verständlich zu machen.

Preußen, der Staat des Deutschen Ordens, des geistlichen Ritterordens der Deutschherren, entwickelte sich von Anfang an ganz unabhängig von Brandenburg und vom Reich. Es konnte gar nicht davon die Rede sein, wie es borussische Historiker im neunzehnten Jahrhundert verkündeten, dass Westfalen oder Flamen, die seit dem elften Jahrhundert nach Brandenburg kamen, dorthin aufbrachen, um endlich zum »gelernten« Preußen aufzusteigen. Sie wurden höchstens im Lauf der Zeit zu Brandenburgern. Keiner konnte damals ahnen, dass der Ordensstaat, einmal säkularisiert, sich zum Herzogtum Preußen wandeln und über familiären Erbgang an das Haus Hohenzollern übergehen werde. Es gibt keine unmittelbaren Traditionen vom Preußen des Ordens zum Preußen der Hohenzollern. Nicht einmal das preußische Schwarz-Weiß leitet sich von den Farben des Ordens ab, dem schwarzen Kreuz auf weißem Mantel. Es sind von alters her die Wappenfarben der Hohenzollern.

Der polnische Herzog Konrad von Masowien hatte 1225 den Orden, der ursprünglich in Palästina tätig war, mit der Mission bei den Pruzzen beauftragt. Er wies den Ordensbrüdern das Kulmer Land zu, und Kaiser Friedrich II. verlieh den Rittern landesherrliche Rechte in den Missionsgebieten, mit deren Hilfe sie eine Landesherrschaft aufbauen konnten. Außerdem unterstellte er alle ihre Eroberungen der Hoheit des Römischen Reiches. 1234 nahm in Konkurrenz zum Kaiser Papst Innozenz IV. das Ordensland unter seinen Schutz und gab es seinerseits dem Orden zu Lehen. Dreifach legitimiert, handelte der Orden anschließend nach eigenem Ermessen – nicht zuletzt zum Ärger der Polen, die sich bei allem christlichen Eifer nicht einen katholischen Nachbarstaat wünschten, dessen Ausdehnungsdrang über Ostpreußen bis weit hinauf nach Riga und Reval kaum zu bremsen war. Zu ihrem Verdruss wurden sie bald vollständig von der Ostsee abgeschnitten.

Die Deutschherren, die ihren Hauptsitz in Venedig hatten und ihn erst 1309 in die Marienburg verlegten, waren genau vertraut mit allen neuen Verwaltungstechniken. Normannen und Staufer hatten in Süditalien seit dem späten zwölften Jahrhundert die rationalisierende Verrechtlichung eingeleitet, die dem Staat als rationalem Kunstwerk zugrunde liegt. Die Ordensritter schufen in Anlehnung daran an der Ostsee einen Modellstaat der Frühmoderne, der mit seinen künstlichen Mechanismen ungewohnt und herausfordernd wirken musste. Jedenfalls erwies er sich alsbald auch für die Ordensritter als zu anspruchsvoll. Nach der Niederlage bei Tannenberg 1416 gegen die Polen verloren sie nicht nur Provinzen und ihre Selbständigkeit – sie mussten 1466 die polnische Lehenshoheit nach abermaligen langen Kriegen anerkennen –, sie büßten auch, ununterbrochen beschäftigt mit inneren Reibereien, die Fähigkeit ein, das ihnen verbliebene Ordensland unter ordnender Kontrolle zu halten. Während um 1500 im Reich erfolgreiche Versuche unternommen wurden, die Landesherrschaft in den Territorien energischer zur Geltung zu bringen, löste sie sich in Ostpreußen damals rapide auf.

Als 1525 der letzte Hochmeister, Albrecht von Hohenzollern, zum Luthertum übertrat und sich zum Herzog Preußens ernannte, stiftete er ein weltliches Herzogtum, in dem man Staatskunst und kluge Verwaltung nicht mehr lernen konnte. Der Staat, den es einmal gegeben hatte, war endgültig zur Beute von Sonderinteressen des Adels und der Bürger geworden. Der Niedergang des Ordens hängt freilich nicht nur mit seinen eigenen inneren Spannungen zusammmen. Er ist auch Ausdruck allgemeiner Krisen, die den gesamten Ostseeraum erschütterten.

Die Deutschen in den Kernländern des Reiches längs des Rheins hinüber zu Main und Donau brachten nie viel Anteilnahme für die Entwicklungen im Norden und Osten auf. Für sie hörte ihre Welt an der Elbe auf, in Thüringen und dem westlichen Sachsen. Zwar unterhielten sie Beziehungen nach Schlesien, Krakau, Böhmen und Ungarn, zu Ländern, in denen sie kolonisierend tätig waren und wo ihre »Verwandten« saßen. Ansonsten aber schauten sie nach Italien, Frankreich oder den flämisch-wallonischen Niederlanden. Dort waren Geld, Handel und der gute Geschmack zu Hause. Mit der Hansa, mit den Bewegungen um Nord- und Ostsee waren sie nur unzulänglich vertraut. Nichts zog sie dorthin. Geistig lauerten da keine Überraschungen. Wer einst dort roden und Land gewinnen wollte, hatte schließlich nicht Minnesangs Frühling im Gepäck. Ganz abgesehen davon, dass dessen Zauber die Niederdeutschen ohnehin kaum gestreift hatte. Und wirtschaftlich gab es zu wenig gemeinsame Interessen.

Dennoch entstanden an den Rändern der Ostsee blühende Landschaften, wie man heute sagt, und bedeutende Städte von Wismar über Stettin bis Danzig und Reval. Aber um 1350 brach der Zustrom weiterer Siedler ab. Die Pestseuchen schufen in den alten Reichsländern Platz und Erwerbschancen genug. Die neuen Länder, nie dicht besiedelt, wurden von Pest und Mißernten in ihrer Substanz getroffen. Ihnen fehlten Menschen. Höfe verödeten, ganze Landstriche wandelten sich wieder zu Wüsteneien oder einem Dickicht aus Wald und Sumpf. Die allgemeine landwirtschaftliche Krise trieb die Bauern vom Land in die Stadt. Sie gaben ihre Höfe auf, und die Adligen, die Junker, wie sie sich allmählich selber nannten, griffen zu. Doch sie konnten sie nicht bewirtschaften, weil die Arbeitskräfte ausgingen oder die erreichbaren zu hohe Löhne erwarteten. So versuchten sie die Bauern an die Scholle zu binden und sich dienstbar zu machen, was die Landflucht nur steigerte.

Den Städten war trotz rückläufigen Handels der Hansa und aufkommender holländischer und englischer Konkurrenz an jedem Zuwanderer gelegen. Da der Adel »seine« Leute nicht entbehren konnte und sie auf die Neubürger wiederum nicht verzichten mochten, kam es zu immer heftigeren Auseinandersetzungen zwischen Stadt und Land. Die nordostdeutschen Fürsten und der Orden schwankten zwischen den Parteien, ihren Vorteil mit immer neuen Kompromissen suchend, was sie endlich dahin brachte, dass sie nicht mehr Herr im eigenen Land waren. Jetzt erst kam es zu der adligen Großwirtschaft mit Erbuntertänigen oder Leibeigenen, zu denen die ehemals freien oder wenig belasteten Bauern herabgedrückt wurden. Die Städte schrumpften und verloren im Krieg aller mit allen zusehends an Bedeutung. 1508 waren rund 45 Prozent der Höfe rund um Königsberg verödet; das ist eine spektakuläre Zahl. Zum Ende des fünfzehnten Jahrhunderts wird der Ostseeraum zum Gebiet innerer Kolonisation, die bis Anfang des neunzehnten Jahrhunderts andauert. Erst damals war wieder ein Zustand erreicht wie um 1350.

Die Ostkolonisierung, so erfolgreich begonnen, war also insgesamt ein mühseliges Drama aus immer neuen Anläufen und Fehlschlägen. Als »Vorkämpfer des Deutschtums« betrachtete ein Altdeutscher weder Brandenburger noch Pommern noch Preußen. Man überließ sie sich selbst. Die Mark Brandenburg, zuerst erschlossen, verfiel noch früher als Preußen. Zwischen dem letzten Markgrafen der Askanier – 1320 – und dem ersten Hohenzollern – 1417 – wechselten sich bayerische und luxemburgische Fürsten im Besitz der Mark ab. Die meisten von ihnen zeigten überhaupt keine Lust, sich auf die innere Verworrenheit ihres Landes genauer einzulassen. Sie betrachteten es als eine Art Kredit.

Immer wenn ihnen Geld fehlte, verkauften oder verpfändeten sie Burgen, Dörfer, Güter, in der Regel an adlige Herren. Diese gewannen an Macht und Einfluss, bedrängten die Bauern, die Städte und befehdeten einander. Die Landesfürsten, wenn als verwöhnte West- und Süddeutsche überhaupt anwesend, schwebten wie Gottvater vor der Erschaffung der Welt über dem Chaos. Es waren die Hohenzollern, die damit begannen, Ordnung in dem in jeder Beziehung verwilderten Land zu schaffen und die Mark dem Niveau des »Mutterlandes« wieder anzunähern. Diese Absicht blieb nur guter Wille, sofern es nicht gelang, den Adel zur Mitarbeit zu gewinnen. Die Städte waren längst zu schwach geworden, und freie Bauern als mögliche Verbündete gab es nicht mehr.

Die Macht des Adels ließ sich nur mit Hilfe des Adels brechen, um landesherrliche Gewalt überhaupt wieder zu ermöglichen, also die Autorität des Rechts gegenüber reinen Eigeninteressen durchzusetzen.

Das Bündnis zwischen Krone und Adel war unvermeidlich. Es ging auf Kosten von Bürgern und Bauern. Immerhin gelang es den Hohenzollern die gröbsten Eigenwilligkeiten brandenburgischer Junker zu dämpfen, so dass Ende des fünfzehnten Jahrhunderts im Paradies des Raubrittertums wieder Ruhe einkehrte. Die Macht der Kurfürsten war begrenzt durch die Stände, die über neue Steuern und Schuldentilgung entschieden. Damit brachten sie den Fürsten in ihre Abhängigkeit. Der Adel, indessen zum landwirtschaftlichen Unternehmer domestiziert, teilte mit dem Bürger die Abneigung gegen gewagte politische Unternehmungen, die Geld verschlangen und unter Umständen seine Geschäfte unterbrachen. Er war so friedfertig wie der vorsichtige Bürger. Die brandenburgischen Kurfürsten bestätigten bis zum Ende des Dreißigjährigen Krieges 1648 eine fast ängstliche Zurückhaltung in der großen Politik. Allerdings hätten sie, da manche darunter durchaus willensstarke Naturen waren, im Falle, dass sie sich zu ehrgeizigen Projekten entschlossen, mit dem Einspruch ihrer Stände rechnen müssen.

Ihr Ansehen im Reich beruhte gerade auf ihrer vernünftigen Bedächtigkeit. Nicht umsonst lautet der Beiname Joachims I. (1499–1535) Nestor, was soviel bedeutete wie der besonnen Ausgleichende im Rate der Fürsten. Überhaupt erfuhr im frühen sechzehnten Jahrhundert das gesamte Haus Hohenzollern Anerkennung wie noch nie zuvor. Joachim I., ein guter Jurist und von humanistisch-wissenschaftlicher Neugier leicht angehaucht, wurde, obschon streng katholisch, auch von Protestanten als Vermittler geschätzt. Die Deutschherren wählten seinen ansbachischen Vetter zum Hochmeister des Ordens. Joachims Bruder Albrecht wurde Erzbischof von Magdeburg und 1518 als Erzbischof von Mainz Kurfürst. Die Kardinalswürde kam hinzu. Nur sein Wunsch, dauernder Legat des Papstes, also dessen Stellvertreter im Reich zu sein, blieb dem glücklichen, kunstsinnigen und friedlich gebildeten Fürsten versagt. Rechnet man die Besitzungen in Franken noch hinzu, nahm das Haus insgesamt eine Stellung ein, die nur von der des Hauses Österreich, den Habsburgern, übertroffen wurde.

Soweit die Brandenburger dem Ehrgeiz eines jeden Privatmannes nachgaben, den Besitz zu vermehren, taten sie es auf die vorsichtige Art der Erbeinigungen. Das Nachfolgerecht in Pommern war 1529 vereinbart worden. Joachim II. einigte sich 1537 mit den polnischen Piastenfürsten über die anfallende Nachfolge in Liegnitz, Brieg und Wohlau. Beide Verträge weisen auf ein künftiges Ziel: für das binnenländische Brandenburg eine lange Küste zu gewinnen und es zugleich über Schlesien an Böhmen heranzuführen, um so eine Verbindung ins südöstliche Europa zu erreichen. Weiteres kam hinzu: 1525 hatte der Hochmeister Albrecht, indessen Protestant, Preußen zum weltlichen Herzogtum umgestiftet. 1539 wechselte Joachim II. zum Luthertum. Verschwägerungen und Erbbündnisse beider Linien waren zu erwarten. Für das Haus Österreich gab es einigen Grund, sehr genau aufzupassen. Der spätere Kaiser Ferdinand erklärte 1546 als böhmischer König – denn Schlesien gehörte zu den Ländern der Wenzelskrone – zumindest die schlesisch-brandenburgischen Abmachungen für null und nichtig.

Von Anfang an versuchten die Habsburger, keine Konkurrenz im nordöstlichen Mitteleuropa aufkommen zu lassen, selbst wenn es sich vorerst nur um Möglichkeiten und Gedankenspiele handelte. Ein Block von Brandenburg, Pommern und Preußen bis hinab nach Schlesien musste die österreichischen Interessenssphären unmittelbar berühren. Denn Böhmen und Ungarn, das seit kurzem dem Hause Österreich unterstand, hatten sich in mannigfachen Kombinationen mit Polen geeint oder wieder von ihm getrennt. Die Namensgebung Königsbergs in Ostpreußen geht auf Ottokar II. von Böhmen zurück, der Ende des dreizehnten Jahrhunderts seinen Einflussbereich bis an die fernen Küsten der Ostsee ausdehnte. Von der Ostsee bis zur Adria erstreckte sich ein unbestimmter Raum gestalterischer Möglichkeiten.

Die Österreicher wollten neben Polen keinen weiteren Teilhaber oder Mitspieler dort dulden. Schließlich war ihre Herrschaft in Böhmen und Ungarn noch in keiner Weise gesichert.

Damals, in der Mitte des sechzehnten Jahrhunderts, begann der Wettbewerb zwischen Brandenburg und Österreich, noch verdeckt, gleichsam wie ein lauer Krieg. Denn beide brauchten einander und bemühten sich, jeden offenen Streit zu vermeiden. Die Habsburger begingen dabei manche Unvorsichtigkeit im Umgang mit den sehr geduldigen Brandenburgern. Aber sie machten nie den Fehler, die Hohenzollern zu unterschätzen. Sie wussten aus eigener Erfahrung, wie schnell in Folge überraschender Erbgänge sich Herrschaften und Königreiche zu einem Reich zusammenballen. Es gab für sie keinen Anlass, unaufmerksam zu werden und es dem brandenburgischen Adler zu gestatten, seine Schwingen zu regen.

Festes Vertrauen in die Vernunft dieser Welt

Der brandenburgische Adler blieb allerdings ein zahmes Tier, selbst wenn er Vorsorge für eine bessere Zukunft traf. Im Großen und Ganzen hielten sich die Kurfürsten an die probate Maxime, alle gütlichen Mittel zu versuchen und das Übrige dem Allmächtigen anzubefehlen. Nicht einmal in der Religion, die zum Streit verführt, erwiesen sie sich als hitzköpfig. Sie pflegten eine sehr moderate Frömmigkeit, die für den oberflächlichen Blick fast gut katholisch wirkte. Joachim II., der erste Protestant unter ihnen, liebte schöne Formen und Zeremonien viel zu sehr, als dass er sich von den hergebrachten Riten getrennt hätte. Er geriet sogar in den Ruf der Prunksucht. Doch das besagt nicht viel in einem kargen Land, wo schon normaler Wohlstand den Verdacht des ungebührlichen Luxus erregte. Joachim modernisierte das Berliner Schloss und versuchte sogar, eine anständige Hofhaltung einzuführen. Aber sein Sohn Johann Georg, der ihm 1571 nachfolgte, Oeconomus (der gut Wirtschaftende) genannt, stellte solche weltlichen Üppigkeiten sogleich ab.

Es sollte eine eigentümliche Regel im Hause Hohenzollern bleiben, dass einem auf guten Geschmack und Repräsentation bedachten Vater ein nüchterner Sohn folgte. Höfische Sitten wurden deshalb in Berlin nie heimisch. Das lag nicht nur an religiösen Vorurteilen. Die wirtschaftlichen Zwänge waren gewichtiger, Sparsamkeit war opportun. Dem Lande tat es gut, und es fühlte sich wohl dabei. Da die Kurfürsten durch die Säkularisierung des Kirchenguts im Zuge der Reformation erheblichen Gundbesitz erwarben, waren sie nicht unbedingt dazu angehalten, jeden Pfennig umzudrehen. Doch ihr erhöhtes Einkommen veranlasste die Stände erst recht dazu, Steuergelder sehr knauserig zu bewilligen.

Außerdem begann sich bei den Hohenzollern als Großgrundbesitzern die Mentalität der adligen Unternehmer zu verfestigen, was hieß, genau zu rechnen und gut hauszuhalten, statt ein Haus zu führen. Im Übrigen sollten sie ein Vorbild abgeben für alle Hausvorstände. Privater und öffentlicher Leichtsinn konnten dem Land nur schaden, das sich allmählich erholte und zu bescheidenem Wohlstand gelangte. So entsprachen sie, selbst wenn Einzelne hübschen Launen nachgaben, doch insgesamt der lutherischen Vorstellung von vernünftiger hausväterlicher Gewalt. Die Musen suchten unter solchen Voraussetzungen vergeblich einen Hain in Brandenburg. Selbst ein Gelehrter war in der Mark so etwas wie ein weißer Rabe.

Zwar wurde in Frankfurt an der Oder eine Universität unterhalten, aber sie begnügte sich als Landesfortbildungsanstalt für angehende Beamte mit dem steifen Formelkram deutscher Rechtsgelehrsamkeit. Der verdarb die durch Luther geweckte Ausdrucksfreudigkeit sofort wieder. In Berlin und in Brandenburg prägte das Pfarrhaus die allgemeine Lebenskultur. Die eleganten Sitten und den guten Geschmack hatten die Spanier nach Wien und Österreich gebracht. Die Folgen dieses kulturellen Vorsprungs schwächten sich erst spät ab und wurden nie ganz überwunden.

Später als im übrigen Deutschland – nach 1600 – kam

es in Brandenburg zum Aufbau eines Verwaltungsapparats und Regierungssystems mit getrennten Ressorts: dem Geheimen Rat, dem Kammergericht und der Domänenverwaltung. Bis dahin wurde viel improvisiert. Studierte Bürger machten sich aber schon früher als Ratgeber oder Funktionäre unentbehrlich. Das Militärwesen spielte überhaupt keine Rolle, denn bis zum Dreißigjährigen Krieg herrschte fast ununterbrochen Frieden, weshalb sich Armeen nach damaliger Anschauung erübrigten.

Umsichtig bemühten sich die Kurfürsten allerdings darum, die Einheit im Hause zu verfestigen. 1569 erreichte Joachim II. vom polnischen König die Mitbelehnung für Preußen. Die Brandenburger hatten sich damit einen Zugang zu dem Herzogtum geöffnet. 1591 heiratete der spätere Kurfürst Johann Sigismund Anna von Preußen, die Erbin Preußens und darüber hinaus des Herzogtums Jülich. Damit auch alle Stricke hielten, vermählte sich Kurfürst Joachim Friedrich mit deren jüngerer Schwester Eleonore und wurde so zum Schwager seines Sohnes. Als 1604 die ältere fränkische Linie des Hauses Hohenzollern ausstarb, versorgte er zwei seiner Brüder mit Ansbach und Bayreuth. Noch einmal wurde 1603 im Hausvertrag von Gera die Unteilbarkeit der Mark, jetzt aber unter Einschluss Preußens, festgelegt. Dort durfte seit 1605 Joachim Friedrich als Vormund des geisteskranken Herzogs Albrecht Friedrich die Regierungsgeschäfte übernehmen.

Preußische Adlige empfanden das fremde, recht harmlose Regiment wie eine Despotie. Jede Art von landesherrlicher Gewalt, der sie längst entwöhnt waren, galt ihnen als Eingriff in ihre Freiheit. Sie hatten nicht das geringste Verlangen danach, »Preußen« zu werden, und beklagten sich heftig bei ihrem Lehnsherrn, dem polnischen König. Aber auch Joachim Friedrich verfolgte keinen Staatsgedanken, kein großes Konzept. Er blieb in allem, was er trieb, dem rein dynastischen Denken mit seinen Zufälligkeiten verhaftet. Er strebte keineswegs danach, Preußen und Brandenburg administrativ einander anzunähern. Er wollte nur die gröbsten Unarten abstellen. Es war eine Personalunion verschiedener Rechtsbereiche, und daran änderte sich auch nichts, als Albrecht Friedrich 1618 starb und Kurfürst Georg Wilhelm 1621 Preußen als polnisches Lehen empfing.

Energische Reformen konnte er so wenig wie sein Großvater und Vater planen, da er als Lehnsmann des polnischen Königs mit dessen Einsprüchen zu rechnen hatte, sofern dieser etwa auf die ununterbrochenen Intrigen des preußischen Adels gegen die Brandenburger einging. Es lag in seinem ureigensten Interesse, polnische Interventionen gar nicht erst herauszufordern, zumal er seinem Lehnsherrn durchaus verpflichtet war, ihn gegebenenfalls in seinen Auseinandersetzungen mit den Schweden zu unterstützen. Gustav Adolf wiederum war sein Schwager. Er befand sich in einer Situation, die wenig Spielraum für Extravaganzen ließ. Deswegen durfte Preußen nicht übermäßig beunruhigt werden. Im Grunde wucherten die Dinge dort wie eh und je vor sich hin.

Außerdem war 1609, ein Jahr nach dem Regierungsantritt Johann Sigismunds, in Jülich das Erbe angefallen. Auch Sachsen und Pfalz-Neuburg traten dort als Erben auf. Das allein war schon ein lästiger Umstand. Doch der Besitz von Jülich beschäftigte auch Frankreich und Spanien, den Kaiser und die Niederländer. Zum ersten Mal wurde Brandenburg mitten in die großen europäischen Auseinandersetzungen hineingezogen. Der Kaiser und der König von Spanien konnten das Herzogtum als Einfallstor in die spanischen Niederlande keinem Protestanten überlassen, der sich unter Umständen mit den Generalstaaten oder Frankreich verbündete. Frankreich, die Niederlande und die deutschen Protestanten wiederum wollten dort keinen Katholiken dulden, am allerwenigsten einen Habsburger. Der Kaiser hatte die Festung Jülich indessen in Besitz genommen.

Die Ermordung des zum Krieg entschlossenen Heinrich IV. von Frankreich verschob den offenen Konflikt zwischen Spanien und Frankreich, weil seine Witwe – Maria von Medici – als Regentin für den minderjährigen Ludwig XIII. eine friedliche Lösung vorzog. 1614 verständigten sich im Vertrag von Xanten Johann Sigismund und Philipp Wilhelm von Pfalz-Neuburg, mittlerweile katholisch geworden, auf eine Teilung des Erbes. Kleve, Mark und Ravensberg fielen an Brandenburg. Der so heftig umstrittene Außenposten am Niederrhein verpflichtete Johann Sigismund zu äußerster Vorsicht. Sowohl im Westen wie im Osten begütert, stand der Friedfertige immer in Gefahr, in die Wirren beider geographischer Zonen verwickelt zu werden. Den Gewinn der neuen Provinzen verdankte Johann Sigismund weder militärischer Tüchtigkeit – seine wenigen Soldaten machten sich in der Affäre um Jülich nur lächerlich –, noch einem besondern diplomatischen Geschick, das er gar nicht besaß. Er war nur der Nutznießer einer internationalen Krise und deren Beilegung durch einen Kompromiss. Brandenburgs erster Auftritt auf der großen Weltbühne war wenig beeindruckend.

Georg Wilhelm (1619–40) bekümmerte das so wenig wie seinen Vater. Beide waren froh, zumindest einen Teil des Erbes erhalten zu haben. Das genügte ihnen. Und nun wollten sie in aller Ruhe für sich und ihre Staaten leben. Georg Wilhelms einzige Sorge war nur, wie er sich aus all den nebeneinander herlaufenden Kriegen seit 1618 herauszuhalten vermochte, ohne seine verschiedenen Loyalitäten zu verletzen: als polnischer Lehnsmann, als Reichsfürst gegenüber dem Kaiser, als Schwager Gustav Adolfs, als Protestant in der Abwehr übertriebener katholischer Ansprüche. Der Unaufgeregte fiel von einer Aufregung in die andere. Keiner nahm auf seine Neutralität Rücksicht, die er zuweilen aufgab, um sich dann wieder auf sie zurückzuziehen. Er verriet jeden und suchte doch jedermanns Freund zu sein. Dieser gar nicht feige, nur umsichtige Mann wurde zu einer bedauernswerten Figur im Labyrinth der Kriege, die gemeinhin zum Dreißigjährigen Krieg zusammengefasst werden. Ohne Soldaten konnte er keinem Hilfe bieten, keinen abschrecken oder zwingen, seine Neutralität je nach den Umständen zu achten.

Ohne Soldaten war es ihm vor allem nicht möglich, sein Erbe in Pommern anzutreten. Denn das machten ihm die Schweden schon seit 1629 streitig. Sie wünschten zum Dank für die Rettung des deutschen Protestantismus den Besitz dieses Herzogtums. Der letzte, müde Herzog von Pommern, Bogislaw XIV., wehrte sich nicht. Wie konnte, sollte Georg Wilhelm erwarten, in seinem Schwager, der ihn um sein Erbe betrog, einen aufrechten Freund zu finden? Begreiflicherweise fühlte er sich verraten. Nur ungern ließ er sich zwischen 1632 und 1635 auf eine erzwungene Allianz mit den Schweden ein, in der vagen Vermutung, dass sich der Streit um Pommern beruhigen ließ, wenn sein Sohn über eine Ehe mit Christina König von Schweden werde.

Doch das waren nur flüchtige Gaukelspiele, um ihn zu unterhalten. Er rettete sich schnell wieder hinüber zum Kaiser, der freilich ein schwedisches Pommern weniger schrecklich fand. Die Schweden rächten sich für den Seitenwechsel, indem sie seit 1635 über zehn Jahre Brandenburg ausplünderten, das schon früher als wehrloses Land von Freund und Feind ausgesogen und verwüstet wurde. Brandenburg näherte sich wieder dem Elend, aus dem es einst die Hohenzollern ganz erfolgreich emporgehoben hatten.

Georg Wilhelm kam nie auf den Gedanken, in der unübersichtlichen Folge von Kriegen einen Kampf um religiöse Wahrheiten zu sehen. Er sah die praktischen Interessen genau, schon allein, weil er nie mehr beabsichtigte, als seinen Vorteil zu finden, was hieß, möglichst unbehelligt zu bleiben von Gegensätzen, die ihn nicht berührten. Er war ein frommer Mann, und gerade deshalb erschien es ihm recht unaufrichtig, Machtfragen religiös zu verbrämen. Gustav Adolf und die Schweden wollten Pommern. Das half ihrer Macht, aber nicht dem Evangelium, das der rechtmäßige Erbe, Georg Wilhelm, kaum unterdrücken würde. Keiner hatte unter den rechtgläubigen Schweden so zu leiden wie Brandenburg.

Dem Kurfürsten blieb der Widerspruch zwischen religiöser Rechtfertigung und politischem Ehrgeiz nicht verborgen. Weltliches und Geistliches wollte er allerdings möglichst auseinander gehalten wissen. Er liebte keine Mogeleien, mochte es nicht, wenn nackte Interessen mit erhabenen Ideen umhüllt wurden. In dieser Haltung deutet sich allerdings etwas ganz Neues an, was allmählich »preußisch« wird: seine Rechte oder Interessen unmissverständlich zu bekunden, ohne je zu behaupten, wenn sie sich nicht durchsetzen ließen, seien höchste Güter gefährdet, sei es die göttliche Wahrheit, die Zivilisation, die Menschheit.

Georg Wilhelms Misstrauen in große Worte und Beschwörungen entsprach ein festes Vertrauen in die Vernunft dieser Welt, die in allen weltlichen Angelegenheiten die Richtschnur sein sollte. Beides ergibt sich aus konsequenter Toleranz: die verschiedenen Auffassungen von der einen göttlichen Wahrheit dem Einzelnen zu überlassen, Variationen im Bekenntnis aber nicht mit weltlichen Geschäften zu vermengen.

Das war der Sinn des Toleranzedikts seines Vaters Johann Sigismund von 1614, der sich für seine Person der Lehre Calvins anschloss. Er sorgte mit der Nuancierung seines Glaubens für ziemliche Aufregung, verpflichtete jedoch keinen Untertanen, gegen sein Gewissen seinem Beispiel zu folgen. Er forderte aber, das Lästern und Schmähen der Andersgläubigen von der Kanzel und überhaupt zu unterlassen. Religion war damit zur Privatsache erklärt. Das Zusammenleben in der Gesellschaft und dem Staat folgte den Einsichten der natürlichen Vernunft mit Rücksicht auf das allgemeine Wohl.

Konfessionelle Unterschiede dürfen die öffentliche Ruhe nicht beeinträchtigen. Deshalb werden sie neutralisiert und der privaten Sphäre zugeordnet. Der Glaube ist eine individuelle Freiheit; in der Glaubensfreiheit drückt sich das Recht des Einzelnen auf seine Würde aus. Die Trennung von Öffentlichem und Privatem bewirkte die folgenreiche Unterscheidung von innerlich und äußerlich, aus der sich die Aufforderung ergab, die für Preußen alsbald so typisch werden sollte, mit den innerlichen Kräften, denen des Seins, die Welt des Äußeren, des bloßen Scheins, zu durchdringen.

Mit Toleranz und Gewissensfreiheit wurden zwei Prinzipien postuliert, die in den übrigen Staaten Europas noch heftig umstritten waren. Brandenburg ist der erste Staat in Europa, der sich auf das Wagnis einließ, verschiedene Bekenntnisse gleichberechtigt zuzulassen. Darin liegt ein bleibendes Verdienst. Johann Sigismund forderte Toleranz nicht auf Grund langer philosophisch-theologischer Überlegungen. Seine Bereitschaft zur Duldung entsprang seinem christlichen Herzen. Denn er hatte sich selbst die Freiheit genommen, seinen Glauben zu modifizieren. Wie er Nachsicht und Respekt für seine innerste Entscheidung erwartete, wollte er sie anderen nicht verweigern. Das Toleranzedikt ist eine erste überraschende Frucht der Innerlichkeit.

Unter solchen Voraussetzungen ist der Verzicht auf eifernde Konfessionalität in den politischen Angelegenheiten kein Zeichen von Lauheit. Vielmehr bekundet sich darin der Wille, das Zusammenleben der Christen untereinander nicht schwerer zu machen, als es ohnehin ist. Der Zweck aller Politik kann nur sein, jedem das Seine zu geben oder zu erhalten. *Suum cuique* wurde später die Devise Preußens und des Ordens vom Schwarzen Adler. Georg Wilhelm sollte nicht mehr erleben, dass er sein Recht bekam, also Pommern. Er starb 1640, und seinem Nachfolger, Friedrich Wilhelm, gebrach es an den Möglichkeiten, andere darauf zu verpflichten, brandenburgische Rechtsansprüche zu achten.

Der Ratgeber seines Vaters, der katholische Graf Adam Schwartzenberg, erinnerte Friedrich Wilhelm daran, dass nur bewaffnete Macht davor schützt, sich willkürlichen Entscheidungen der Stärkeren beugen zu müssen. Brandenburgs Truppen, drei- bis viertausend Mann, schüchterten keinen ein. So musste sich der spätere Große Kurfürst, ein cholerischer Herr, in Geduld üben und darauf hoffen, dass Siege und Niederlagen der anderen Konstellationen schufen, die sich dann auch für Brandenburg günstig auswirkten. Der Westfälische Frieden 1648 mutete ihm den Verzicht auf Vorpommern und Stettin zu. Ihm wurde nur Hinterpommern zugesprochen. Als Entschädigung erhielt er dafür die säkularisierten Stifte Minden, Halberstadt und die Anwartschaft auf Magdeburg, das alsbald an Brandenburg fiel.

Das war nicht wenig. Aber die Erwerbungen konnten den in seinem Rechtsempfinden verletzten Kurfürsten nicht beruhigen. Abgesehen davon lag der Wert Pommerns darin, eine Küste zu gewinnen, an die Ostsee, »die Mutter der Commerzien«, zu gelangen, und eine Zukunft für sein ohnehin ausgeblutetes Kernland vermutete Friedrich Wilhelm auf dem Wasser, im Handel über die Ostsee. Brandenburg blieb weiterhin vom Meer abgetrennt. Die Küste in Hinterpommern, ohne gute Häfen, bot keine Aussicht, diesen Nachteil zu kompensieren. Wider Willen wurde Brandenburg ins innere Deutschland, ins Binnenland abgedrängt, und mit Minden gewann es nur »Streubesitz«, der gegebenenfalls kaum zu halten war.

Friedrich Wilhelm war enttäuscht, und nichts spricht dafür, dass vor seinem geistigen Auge die Idee eines Staates aufleuchtete, der West und Ost verklammerte. Das sind nachträgliche Konstruktionen. Die meiste Zeit seiner langen Regierung verbrachte er damit, diesen Frieden zu revidieren, um Brandenburg und Pommern zu einer kompakten Masse zusammenzuschmieden. Seine staatsbildende Einbildungkraft blieb räumlich auf das Nächstliegende fixiert. Mit Visionen beschäftigte er sich nie, noch verwirrte deren Trug seinen klaren Sinn. Während seiner Jugend hatte er zwei Dinge gelernt: dass ohne Macht jedes Recht schutzlos ist, und dass nur der selbständig zu handeln vermag, der sich unentbehrlich macht, weil er ein geachtetes Heer besitzt und damit für Freund und Feind eine berechenbare Größe in deren Spiel wird.

»Große Herren tun wohl, sich zu befleißen/den Armen als den Reichen Recht zu leisten«, reimte er 1644 unbeholfen. Dieser Spruch lässt sich auch auf die äußeren Verhältnisse anwenden. Unter den Reichen, den mächtigen Staaten, war Brandenburg ein Armer, der die Brosamen erhaschte, die vom Tisch der Glücklichen und Mächtigen herabfielen. Es lebte von der Gnade, den Launen derer, die ihre Interessen abwogen. Das sollte sich ändern. Dazu bedurfte es zuerst einmal einer Armee.

»Allianzen sind gut, eigene Kräfte sind besser«

Friedrich Wilhelm, der von 1640 bis 1688 regierte, verbrachte entscheidende Jahre seiner Jugend in den Niederlanden. Er ist der erste und einzige Hohenzoller, der sich im Ausland bildete. Die Eindrücke, die er während seines Studiums in Leyden gewann, vergaß er nie. Fern von den Abstraktionen umständlich-deutscher Rechtsgelehrsamkeit machte er sich dort mit den politischen Wissenschaften als Hilfsmittel zu praktischer Weltklugheit vertraut. Die Calvinisten begnügten sich nicht wie das orthodoxe Luthertum mit der je eigenen Seelenruhe im frohen Vertrauen auf Gott. Ihr Bekenntnis verwies jeden auf ein tätiges Leben. »Gottesdienst« ist alles, was der Einzelne tut und treibt. Wie die Jesuiten als eifrigste Verteidiger der katholischen Werkfrömmigkeit waren sie davon überzeugt, dass alles, was wohlgetan, gottgefällig ist und Verdienste hier wie im Jenseits verschafft.

Gott, der absolute freie Wille, verlieh dem Menschen Willenskräfte, damit er sie, im Gehorsam gegenüber Seinem Wollen, zum Nutzen der durch die Sünde verwirrten Welt gebrauche. Er muss nur seine Pflichten verstehen und bereitwillig erfüllen. Wer gewissenhaft seinen Pflichten genügt, gelangt über den Beruf zum Heil. Wird der Beruf in diesem Sinne zum Heilsmittel, dann freilich ist er selber heilig, weil nur über ihn der Einzelne zur Erkenntnis seiner Pflichten und zur Schulung seines

Willens gelangt. Diese »Berufsheiligung« betrifft jeden. Doch die Fürsten als göttliche Amtmänner sind besonders herausgefordert, weil sie als Diener des Allgemeinwohls sämtliche Kräfte auf den höchsten Zweck verpflichten müssen. Friedrich Wilhelm lernte, sich als »Rüstzeug Gottes« zu verstehen.

Die gegen Spanien rebellierenden Niederländer verteidigten mit ihrer Freiheit eines Christenmenschen, wie sie sie auffassten, zugleich ihre herkömmlichen politischen Freiheiten. Sie wollten nicht unter »spanische Servitut«, unter spanische Dienstbarkeit, geraten. Das Schlagwort war seit Karl V. allen deutschen Fürsten geläufig. Sie nahmen zwar gern, wie auch die Brandenburger, spanische Geldgeschenke an, wachten aber eifersüchtig über ihre »deutsche Libertät«. Die Kriege, in die seit 1618 allmählich ganz Europa einbezogen wurde, rechtfertigten die Feinde der *casa de Austria* als gemeinsame Abwehr der »Universalmonarchie«, die das spanisch-deutsche Haus anstrebe, um alle Freiheit zu ersticken. Unter solchen Einflüssen bildete sich Friedrich Wilhelms Vorstellung von deutsch-fürstlicher Freiheit und von der Verpflichtung, sie als höchstes Gut zu sichern und vor jedem zu schützen, der beabsichtigte, sie zu beschränken. Das meinte vor allem Spanien und den Kaiser. Die Überzeugung verlor der Große Kurfürst nie, dass höchste Wachsamkeit gegenüber spanisch-österreichischer List immer geboten sei.

Die Niederlande, der Mittelpunkt des Weltverkehrs, veranschaulichten ihm überwältigend, welche Möglichkeiten auch kleinen Staaten offen standen, sofern sie nur eine Küste besaßen, um sich in den Welthandel einzumischen. Dort sah er, was innerer »Landesaufbau« über verfeinerte Landwirtschaft, Gewerbefleiß, neue Techniken, die auf Grund praktisch gewordener Wissenschaftlichkeit gefunden wurden, zu erreichen vermochte. Wirtschaftliche Kraft glich manche Mängel in der militärischen »Verfassung« aus. Aber ein ökonomisch rückständiges Land wie Spanien, das allerdings über amerikanisches Silber verfügte, konnte allein mit seinen Truppen auch die größte Wirtschaftsmacht der Erde immer wieder in äußerste Verlegenheiten bringen, fast niederzwingen. Hätten die Holländer nicht Verbündete gewonnen, wäre das auch gelungen. Ohne Allianzen hätten sich die Niederlande nicht behaupten können, zumal ihr ständisches Regiment mit all seinen Umständlichkeiten und Parteilichkeiten oft genug innere Krisen auslöste, die wiederum militärische Zusammenbrüche verursachten.

Der Prinz, der keine Schlafmütze war, konnte also in Holland viel lernen. Übrigens auch, was Sprachgewandtheit und Lebensstil anbelangte. Obschon er sehr genau über seinen aristokratischen Rang Bescheid wusste, hatte er sich doch an die bürgerlichen Umgangsformen gewöhnt, die nicht unbedingt bequem waren, aber frei von den eleganten Schnörkeln höfischer Kultur. Er kam voller Ideen ins recht unbehagliche Berlin zurück, selbst das Schloss war durch Kriegseinwirkungen fast unbewohnbar geworden. Für seine Klugheit spricht, dass er sich, seit 1640 Kurfürst, mitten im Kriege ganz einfach »durchwurschtelte«.

Er kannte die Ohnmacht Brandenburgs. Auch nach dem Frieden von 1648 stellte sich keine Ruhe ein. Die polnischen Könige aus dem Haus Wasa erkannten nie ihre protestantischen Vettern als Könige Schwedens an und hofften unverdrossen, beide Kronen wieder vereinigen zu können. Da Preußen ein polnisches Lehen war, konnte Friedrich Wilhelm die ununterbrochenen Spannungen nicht teilnahmslos beobachten. Es waren die unklaren äußeren Verhältnisse, die ihn zum Handeln zwangen, nicht etwa ein klares Reformprogramm. Wollte er »considerabel« für beide Mächte werden, zum begehrten Mitspieler aufsteigen, dann bedurfte er einer ansehnlichen Armee. Die Konsequenz dieser Absicht war die große Umgestaltung seiner Staaten.

Der *miles perpetuus*, ein stehendes Heer auch zu Friedenszeiten, verursachte Kosten. Gelder bewilligten die Stände. In sämtlichen Staatsangelegenheiten gewährten sie immer nur von Fall zu Fall die notwendigen Summen, um ihre Mitsprache in den laufenden Geschäften zu behalten. Ein Heer als dauernde Einrichtung bedarf jedoch eines stetigen Finanzplans. Sein Unterhalt muss unabhängig von den wechselnden Stimmungen in Ständeversammlungen bleiben. Damit entzieht es sich aber der Kontrolle der Stände. Sind feste Steuersätze erst einmal vereinbart, dann verkümmert unweigerlich das Recht der Stände, je nach Belieben über die Verwendung der Staatseinkünfte abstimmen zu können und damit Einfluss auf die gesamten Staatsgeschäfte zu nehmen.

Ein Staatsetat mit festen Budgetposten wird unvermeidlich. Für die Erhebung der »perpetuierlichen«, unveränderbaren Steuern braucht man entsprechende Behörden. Mit den Beamten verfügt der Fürst über professionelle Staatsdiener, die neutral die allgemeinen Interessen wahren und nicht an ihren privaten Vorteil denken. Der Fürst befreit sich damit aus der Abhängigkeit von seinen Ständen. Er kann selbständig für größere Zeitabstände planen, vertrauend auf berechenbare Einkünfte und zuverlässige Apparate. Überhaupt nimmt nun die Politik einen planmäßigen Charakter an.

Das stehende Heer wird in der Hand des Fürsten zum Hebel, der es ihm ermöglicht, seinen Willen durchzusetzen. Seine Verfügungsgewalt über die Armee erlaubt es ihm, nach eigenem Gutdünken zu entscheiden, wann und wo er sie verwendet. Der Beschluss über Krieg und Frieden entzieht sich ständischer Mitbestimmung; das gilt auch für die Frage nach Verkündigung und Beseitigung des inneren Notstands. Überhaupt kann jetzt erst vom souveränen Staat gesprochen werden. Denn Souverän ist, wer über den Ausnahmezustand und über Krieg und Frieden entscheidet.

Das sind in groben Zügen die Folgen, die der Unterhalt eines stehenden Heeres bewirkte. Nicht nur in Brandenburg. Jede Macht wurde im siebzehnten Jahrhundert Militärmacht, um darüber die mehr oder weniger absolute Gewalt des Fürsten, seine Souveränität, zu stabilisieren. Herrschaft mit Hilfe von Absprachen wandelte sich zu staatlichem Willen, zu einer Staatspolitik, die Privilegien, also Freiheiten, dem Gemeinwohl unterwarf, dem höchsten Staatszweck, der jedem das Seine zuteilt, zumindest der Idee nach. Der Große Kurfürst beschritt nur einen Weg, den alle einschlugen. Das Ziel erreichte er nicht. Er schuf aber die Grundlagen für den späteren preußischen Staat.

Selbstverständlich hüteten die Stände in den einzelnen »Landschaften« eifersüchtig ihre Rechte. Am raschesten fügten sich Brandenburg und Hinterpommern, schon um 1653 beziehungsweise 1654. Zäher war der Widerstand in Kleve, der erst 1661 gebrochen werden konnte. Am längsten widersetzten sich die Preußen. Die Auseinandersetzungen mit den Ständen dauerten bis 1681. Friedrich Wilhelm mochte wohl allen seinen Ländern nahe legen, sich als Glieder eines Körpers zu verstehen, aber sein Herrschaftsraum blieb auch weiterhin ein Konglomerat von Provinzen. Die Stände wurden nicht mehr einberufen, konnten jedoch über eigene Ausschüsse ihre Beschwerden oder Vorschläge dem

Kurfürsten unterbreiten. Die Armee, für die alle zahlen mussten, wurde zum Bindeglied zwischen den gesonderten Landschaften. Sie war neben der Krone eine gemeinsame Institution und vermittelte allen Provinzen ein Gefühl der Zusammengehörigkeit. Denn es war ursprünglich gar nicht selbstverständlich, dass ein Krieg um Pommern etwa in Kleve als gemeinsame Herausforderung aufgefasst wurde.

Das Heer vereinheitlichte die jeweils »vaterländischen« Gefühle allmählich zu einem allgemeinen Staatspatriotismus. Es stiftete einen Zusammenhang unter den einander fremden »Staatsangehörigen«. Als zentrale Behörde wirkte seit 1655 das Generalkriegskommissariat, dem alles, was mit Finanzen, Handel und Wirtschaft zu tun hatte, unterstellt wurde. Es war eine kurfürstliche Behörde, deren Beamte, unabhängig von ihrer provinziellen Herkunft, allein den Zweck verfolgten, die Steuern für die gemeinsame Armee einzuziehen und zu verwalten. Um die Finanzen des Heeres zu sichern, erhielt sie die Aufsicht über das gesamte Wirtschaftsleben. Ihr zugeordnete lokale Steuerkommissare gewannen vor allem in den Städten eine ausschlaggebende Funktion. Die städtische Selbstverwaltung wich staatlicher Aufsicht, die Beamte – eben Staatsdiener – ausübten.

Die Städte entrichteten die Akzise, eine indirekte Abgabe, die verschiedenste Verbrauchsgüter belastete. Die Bauern leisteten ihre Kontribution als ständige direkte Kriegssteuer. Eine Einheitlichkeit im Steuersystem scheiterte am Einspruch des Adels. Friedrich Wilhelm konnte die Macht der Stände nur einschränken, indem er sich mit dem wichtigsten Stand verbündete, mit dem Adel. Sämtliche Privilegien, oft aus Willkür entstanden, wurden ihm verbindlich als Rechte zugesichert. Das bedeutete, dass der Kurfürst sich die Herrschaft über das Land mit dem Adel teilen musste und die Bauern Untertanen ihres Grundherrn blieben.

Dieser Herrschaftskompromiss ließ sich kaum vermeiden. Der ehemals ritterlich-kriegerische Adlige hatte sich längst zum Geschäftsmann gewandelt, zum Getreide- oder Viehhändler en gros, zum Produzenten verschiedenster Verbrauchsgüter. Diese Entwicklung förderte zwar zum Wohle des Landes seine Friedfertigkeit. Aber die Beschäftigung mit seinem ureigensten Absatz und seinen Gewinnmöglichkeiten hatte den Adel allen übrigen allgemeinen Rücksichten entfremdet. Ein stehendes Heer begriff er nur als Belastung. Die Lasten sollten zumindest die anderen tragen. Sein Widerstand ließ sich nur brechen, wenn der Kurfürst sich auf solche Forderungen einließ. Friedrich Wilhelm als pragmatischer Improvisator sah die Vorteile eines Vergleichs und wollte sie nutzen. Beteiligte er den Adel an der Herrschaft, dann konnten die eigensinnigen Junker die Vorteile alsbald erkennen, die sich ihnen als Mitgliedern einer bevorrechtigten Klasse im werdenden Staate boten.

Vor allem der unvermögende Adel sah allmählich ein, welche Chancen sich ihm im kurfürstlichen Dienst, im Staatsdienst eröffneten. Bürger hatten diese Chancen schon längst entdeckt. Der Kurfürst war gern bereit, den Adel in diesem friedlichen Wettbewerb zu bevorzugen. Aber es lag bei ihm, ob er es tat und in welchem Ausmaß. Damit geriet der Adel in eine gewisse Abhängigkeit von der Krone. Der Fürst konnte im Übrigen erfolgreiche Bürger nobilitieren und dem alten Adel gleichstellen. Friedrich Wilhelm erinnerte einmal verschmitzt seine Junker, die darüber verärgert waren, Bürger in ihre Kreise aufnehmen zu sollen, daran, dass der Adel »zu allen Zeiten der Tugend und rechtschaffener tapferer Actionen Belohnung« gewesen sei. Auch ihre Stamm-

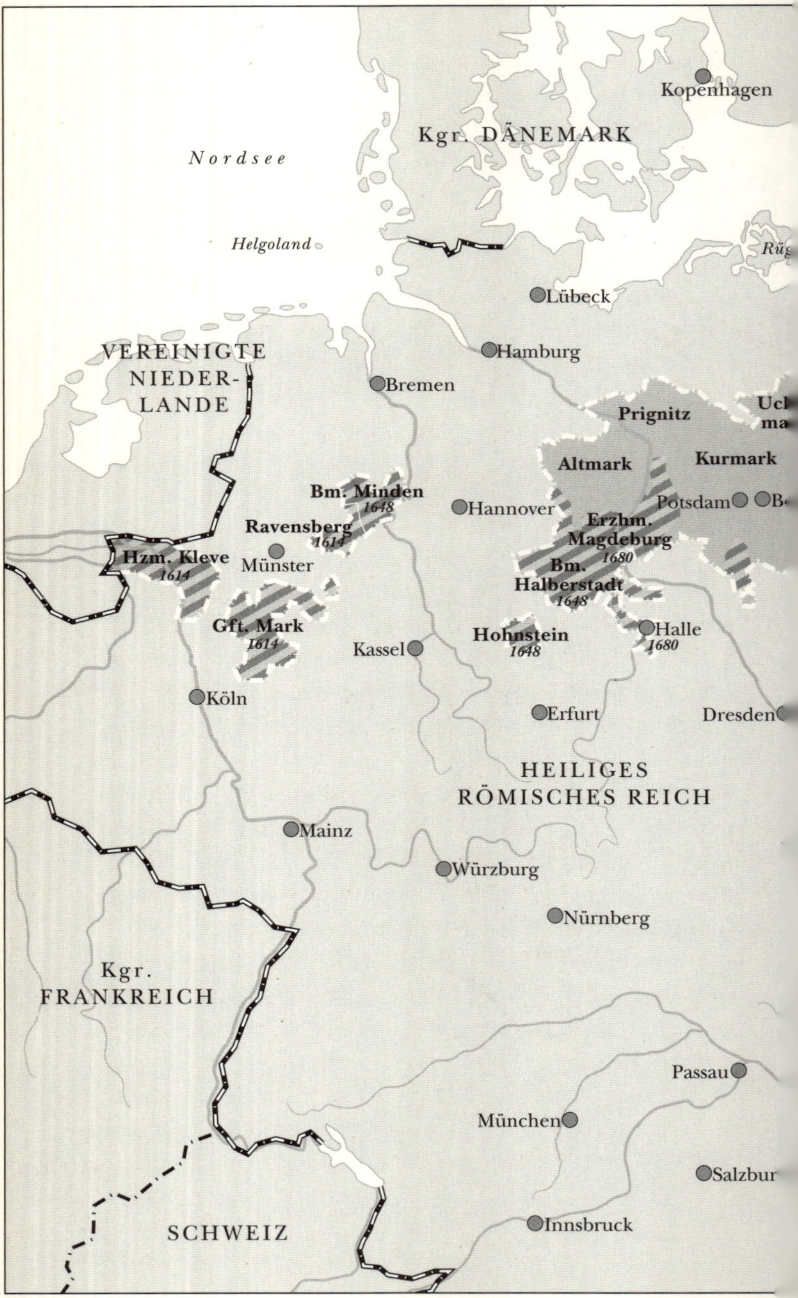
Kopenhagen
Kgr. DÄNEMARK
Nordsee
Helgoland
Lübeck
Hamburg
Bremen
VEREINIGTE NIEDER-LANDE
Prignitz
Altmark
Kurmark
Bm. Minden 1648
Hannover
Potsdam
Ravensberg 1614
Erzhm. Magdeburg 1680
Hzm. Kleve 1614
Münster
Bm. Halberstadt 1648
Gft. Mark 1614
Kassel
Hohnstein 1648
Halle 1680
Köln
Erfurt
HEILIGES RÖMISCHES REICH
Mainz
Würzburg
Nürnberg
Kgr. FRANKREICH
Passau
München
SCHWEIZ
Innsbruck

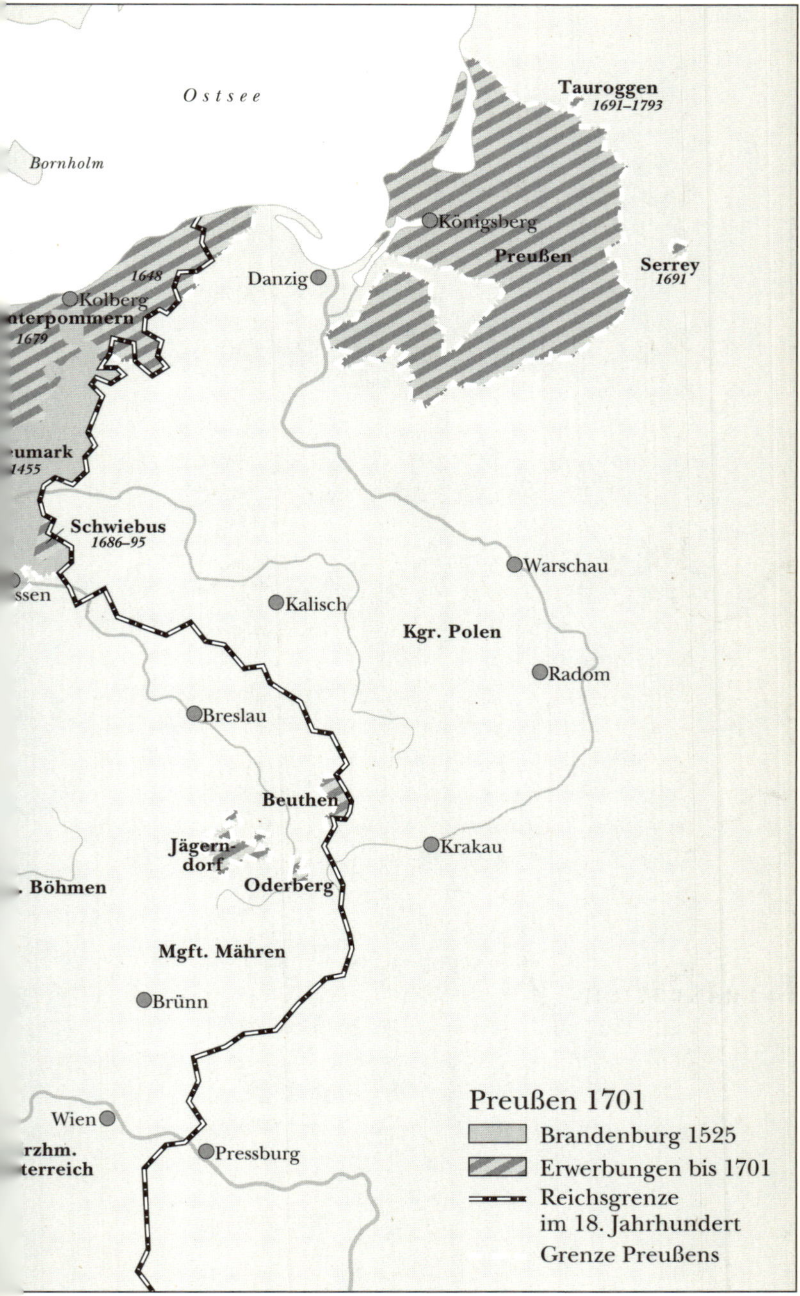
Ostsee
Bornholm
Tauroggen
1691–1793
Königsberg
Preußen
Serrey
1691
Danzig
1648
Kolberg
nterpommern
1679
eumark
1455
Schwiebus
1686–95
Warschau
ssen
Kalisch
Kgr. Polen
Radom
Breslau
Beuthen
Jägern-
dorf
Krakau
Oderberg
. Böhmen
Mgft. Mähren
Brünn
Wien
rzhm.
terreich
Pressburg
Preußen 1701
Brandenburg 1525
Erwerbungen bis 1701
Reichsgrenze
im 18. Jahrhundert
Grenze Preußens

väter hätten keinen anderen als einen bescheidenen Anfang gehabt. So würden sie es gewiss für recht und billig halten, wenn er ihre Vorurteile nicht pflegte.

Der Adel fügte sich. Er gewöhnte sich nach und nach daran, dass Staatsdienst adelt, und sonderte sich nicht von den neuen Geschlechtern ab. Das bedeutete aber auch für ihn, sich den Kriterien für die Laufbahn anzupassen, also auf Grund von Leistungsnachweisen Ansprüche auf Karriere geltend machen zu können. Der Staatsdienst egalisierte und erlaubte dem Fürsten eine Kontrolle über seinen Adel. Sein Ziel war, ihn zu verbeamten. Das ließ sich über das Militär am schnellsten erreichen. Das stehende Heer sollte den ermatteten kriegerischen Geist des Adels wieder beleben. Doch der Offizier war nun nicht mehr ein freier Herr, der auf eigene Rechnung dem Fürsten Soldaten zur Verfügung stellte. Jetzt wurde er von ihm ernannt, auf ihn vereidigt und mit ihm die Truppe. Ein adliger Soldat war abhängig geworden. Er wandelte sich zum Dienstmann in neuen Sinne, zum militärischen Staatsdiener.

Der Kurfürst hatte einen hohen Preis gezahlt, um seinen Adel zur Mitarbeit zu gewinnen. Es wäre eine Übertreibung zu behaupten, dass der freie Adel sich froh in eine ihm ungewohnte Untertänigkeit begeben hätte. Aber er erwarb im Laufe der Zeit eine Dienstauffassung, die ihn zu einem politischen Stand im umfassendsten Sinne umbildete, zu einem staatstragenden. Was oft bedauert wird, der Mangel an höfischer Kultur in Brandenburg, erwies sich als Vorteil. Der Adel veränderte sich nicht zum müßigen Hofadel, sondern fand neue Aufgaben und Pflichten. Nicht zuletzt, weil er als Grundherr »staatliche« Funktionen übernahm. Durch seine Vermittlung verlor der Staat als abstrakte, fremde Macht manche Schrecklichkeit.

Die Bauern mochten oft stöhnen und klagen, aber durch grundherrliche Filter tropfte dennoch Staatsgesinnung auch auf sie herab. Adel und Bauern entfremdeten sich nicht voneinander, wie etwa in Frankreich. Der Bauer wurde bevormundet. Doch er durfte wissen, dass sein Herr sich nicht bevormunden ließ. Gegebenenfalls war er unter der unbequemen, doch vertrauten Obhut seines Herrn vor staatlicher »Willkür« geschützt, die beiden widerwärtig war. Schließlich wollten die Junker ihrem Herrn nur das Unvermeidliche zugestehen. Auch sie mussten sich erst an den Staat gewöhnen. Es verdankt sich dem Pragmatismus des Großen Kurfürsten, dass sie sich daran gewöhnten, weil er ihnen nicht zu viel abverlangte.

Doch er hätte sich nie durchsetzen können, wäre seine junge Armee nicht überraschend erfolgreich gewesen. Im Polnisch-Schwedischen Krieg von 1655 bis 1660 erregte sie europäische Aufmerksamkeit. Bei der Schlacht vor Warschau am 30. Juli 1656 zeichnete sie sich auf schwedischer Seite aus. Anschließend mit den Polen und Dänen verbündet, trieb sie die Schweden vor sich her. Vorpommern war erobert. Die erstaunlichen Leistungen brachten nur Ruhm, aber keinen Landgewinn. Frankreich hatte kein Interesse daran, das verbündete Schweden im Wettbewerb der Staaten am Rande der Ostsee entschieden geschwächt zu sehen.

Allerdings verhalf der ansonsten enttäuschende Friede von Oliva 1660 dem Kurfürsten zur allgemeinen Anerkennung seiner Souveränität in Preußen. Die hatte er im Wechsel seiner Allianzen errungen. Seither war er nicht mehr darauf angewiesen, auf Polen allzu viel Rücksicht zu nehmen. Als souveräner Herzog von Preußen, einem Territorium außerhalb des Reiches, konnte er von nun an auch mit dem Kaiser selbstbewusster verhandeln, von gleich zu gleich wie ein ausländischer Souverän. Das unterschied ihn von den übrigen deutschen Fürsten. Er war endgültig aus dem Reich hinausgewachsen.

Die militärischen Erfolge verschufen ihm Ansehen. Auf Grund seiner leistungsfähigen Armee stand er nicht mehr am Rande, sondern rückte in den engeren Kreis der Mächte, die in den Berechnungen der Staatskünstler berücksichtigt werden mussten. Brandenburg wurde zu einem begehrten Alliierten. Der Kurfürst entwickelte sich zu einem Virtuosen der Unverbindlichkeit, der Verträge löste, wann immer sie ihm nichts mehr nützten. Er war jedermanns Freund oder Feind, je wie der Moment es empfahl. Wie jede Hilfsmacht, die nur im Verein mit anderen Gewicht besaß, verkaufte er sich so teuer wie möglich. Denn aus eigenen Mitteln konnte er seine Armee nicht finanzieren. Allerdings blieb er darüber auf das Wohlwollen der großen Mächte angewiesen, kam es zum Teilen der Kriegsbeute. Da selber unzuverlässig, sah sich keiner genötigt, wenn Frieden geschlossen wurde, ihn zufrieden zu stellen.

Seinen Ehrentitel »der Große« erwarb er sich, nachdem die Schweden ihn 1674 überfallen hatten, um Frankreich im Krieg gegen den Kaiser zu entlasten, auf dessen Seite er als Reichsfürst kämpfte. Bei Fehrbellin schlug er die Schweden 1675 vernichtend. Seine Feldzüge bis 1679 waren ein heroisches Schaustück mit atemberaubenden Einlagen wie der verwegenen Jagd über das zugefrorene Frische Haff, »so daß die stille Frostwelt dröhnte«. Wieder einmal war Vorpommern erobert, Stettin endlich eingenommen. Abermals wurde er um seinen Gewinn betrogen. Ludwig XIV. rettete das geschlagene Schweden, und Kaiser Leopold sah das gern. Er wollte nicht, dass sich Brandenburg nach alter Germanenart wie zur Zeit der Völkerwanderung im Norden ein Königreich der Vandalen zusammenraffte.

Der von nun an Große Kurfürst war verbittert. Im Inneren seiner Lande hatte er sich durchgesetzt. Auch die Preußen mussten sich seinem Willen, ohne jede Aussicht auf polnische Hilfe, beugen. Doch sein Ziel, Brandenburg dem Meer zu vermählen, hatte er nicht erreicht. Wann immer dieser nüchtern-zähe Mann träumte, sah er Schiffe mit schwarz-weißer Flagge, die von einem seetüchtigen Brandenburg kündeten. All seine Bemühungen um innere Kolonisation galten dem höchsten Zweck, Brandenburg zu einer Handelsmacht zu machen. Auch das Heer betrachtete er nur als ein Mittel, dafür die Voraussetzungen zu schaffen, also die Küsten Vorpommerns zu erobern.

Brandenburg blieb dem Land verhaftet und damit abhängig von dem Pfund, mit dem es wuchern konnte und musste: von der Armee. Mit rund 30 000 Mann war sie für damalige Zeiten eine beachtliche Größe. Sie gewährte Brandenburg eine Handlungsfreiheit, die es vorher nie besessen hatte. Kam außer spektakulären Heldentaten auch vorerst nichts weiter dabei heraus, so gehörte die brandenburgische Karte fortan zum allgemeinen Spiel, zuweilen als Joker. Schon hieß es, dass der wendige Kurfürst alle für sich arbeiten lasse. Aber er hatte sich nur ins Spiel gebracht. Historiker im neunzehnten Jahrhundert wollten darin den »deutschen Beruf« Brandenburg-Preußens erkennen. Das sind Übertreibungen.

Wie jeder Kurfürst verstand sich auch Friedrich Wilhelm als Repräsentant des Reiches und insofern als deutscher Fürst. Mühelos floss es ihm von den Lippen: Gedenke, dass Du ein Teutscher bist, wenn der Augenblick es empfahl. Aber meistens sorgte er sich wie alle übrigen

Landesherrn um seine reichsfürstliche Libertät. Es gab schon damals zuweilen Pläne, um Brandenburg herum einen norddeutschen Bund zu bilden. Doch das blieben Einfälle emsiger Projekteschmiede, selbst wenn sie von Flotte und Seegeltung sprachen. Der Kurfürst ließ sich davon nicht beirren. »Allianzen sind gut, eigene Kräfte sind besser.« Er verhalf seinen anfänglich widerwilligen Staaten zum Bewusstsein eigener Kraft. Die ruhmreiche Armee hatte sie alle davon überzeugt, gemeinsam stark zu sein.

Einwanderungsland mit einem Schimmer vornehmer Opulenz

Der Große Kurfürst hinterließ seinem Nachfolger Friedrich III. (1688–1713) ein beträchtliches Erbe, das nicht zuletzt in moralischem Kapital bestand. Brandenburgs Ansehen war während seiner langen Regierung gestiegen. Neben dem Kaiser galt es als wichtigste Macht im Reich. Ja, in Wien fürchteten einige schon, Brandenburg wolle gar in Deutschland den Schiedsrichter über Krieg und Frieden spielen. Es war zum Haupt der evangelischen Partei geworden und hatte damit das in lutherischer Orthodoxie erstarrte Sachsen in den Hintergrund gedrängt. Die tolerante Haltung in den Subtilitäten des Bekenntnisses erlaubte ihm eine Vermittlung zwischen den einzelnen Richtungen, die sich oftmals zu politischen Gegensätzen verschärften und eine protestantische Einigkeit verhinderten. Der Große Kurfürst konnte immer damit rechnen, Fürsten um sich zu scharen. Ohne ihn vermochten die Protestanten im Reich nichts. Sein Wort hatte Gewicht.

Es hatte Gewicht, weil er über eine stattliche Armee verfügte, die es ihm ermöglichte, in der großen Politik mitzureden und seinen Namen berühmt zu machen. Ruhm war nicht geringzuschätzen in aristokratischen Zeiten, die jeden Ehrenmann dazu antrieben, sein Andenken auf Erden nicht zu vernachlässigen. Friedrich Wilhelms Ansehen mehrten aber auch die friedlichen

Werke beim Ausbau seiner Provinzen. Brandenburg zog Menschen von überall her an. Es war zu einem Einwanderungsland nicht nur für deutsche »Ausländer« geworden, die, wie die Pfälzer, der Rekatholisierung auswichen. Die religiöse Toleranz verhieß den anderswo Bedrückten Freiheit des Gewissens.

Wallonen, Waldenser aus Piemont, Schotten, Schweizer fanden hier ein willkommenes Asyl. Andere, wie die Niederländer, kamen bereitwillig als religionsverwandte Entwicklunghelfer, um Brandenburger und Pommern oder Preußen mit neuen landwirtschaftlichen oder handwerklichen Methoden vertraut zu machen. Die wichtigste und der Zahl nach stärkste Gruppe waren die Hugenotten. Rund 30000 folgten der Einladung des Potsdamer Edikts vom November 1685, Zuflucht in Brandenburg zu suchen, nachdem Ludwig XIV. die Duldung des Calvinismus widerrufen hatte. Knapp siebentausend kamen allein nach Berlin. Sie stellten fast ein Drittel der Bevölkerung und veränderten den Charakter der Hauptstadt vollständig. Diese Intellektuellen, Handwerker und Unternehmer pflanzten dem ländlich-öden Berlin einen beweglichen Geist und die geselligen Manieren Frankreichs ein. Eine spezifisch brandenburgische Stadt war Berlin seitdem nicht mehr.

Die Verwaltungsreformen des Großen Kurfürsten fanden wohl Beachtung, aber mehr bei Praktikern und Gelehrten. Die allgemeine Fantasie ließ sich damals noch nicht von dem trockenen Charme eines gut funktionierenden Verwaltungsstaates begeistern. Immerhin verstärkte die innere Ordnung die Anziehungskraft seiner »Staaten«, wie es oft noch in der Mehrzahl hieß. Ein Modellstaat war Brandenburg keineswegs. Der Große Kurfürst dachte nicht an Modelle oder handelte als Theoretiker. Wie fremd ihm selber eine rationale Staatsidee war, bestätigte sein letzter Wille, alle seine Söhne auf Kosten Brandenburgs mit Territorien auszustatten. Friedrich III. weigerte sich wohlweislich, diese Verfügung umzusetzen und fand seine Brüder mit großzügigen Apanagen ab.

Dieser gut ausgebildete Fürst, der Gelehrsamkeit zu schätzen wusste, war ganz vom Gedanken der Einheit seiner Staaten durchdrungen, die in der Krone ihr Symbol fand. Sein Ehrgeiz ging dahin, statt des Kurhutes tatsächlich eine Krone zu tragen, um neben der Armee allen seinen Untertanen durch eine weitere gemeinsame Institution ihre Zusammengehörigkeit zu veranschaulichen. Das war der Sinn seines zähen Bemühens, als König anerkannt zu werden. Kurfürst Friedrich I. hatte die Kurwürde in sein Haus gebracht. Die Drei ist die glückliche Zahl der Vollendung *omne trium perfectum;* als der dritte Friedrich sei er daher gleichsam berufen, der erste König seines Hauses zu werden.

Längst gab es Prophezeiungen, dass aus Mitternacht Gold komme, das neue Glück der Zeiten. Der Zahlen mit 1600 war man müde und sehnte sich ins anbrechende Jahrhundert, als brächte das Jahr 1701 zugleich eine neue Ordnung der Dinge zum Heile der Menschen. Am 18. Januar 1701 krönte sich in Königsberg Friedrich zum König in Preußen. Die Selbstkrönung entzog der Krone und dem Königtum nicht die besondere Weihe des Gottesgnadentums. Dadurch wurde vielmehr protestantisch schroff hervorgehoben, dass der König unmittelbar zu Gott stehe und keiner priesterlichen Vermittlung als Stellvertreter Christi in seinem Staate bedürfe. Im Übrigen folgten im Dom anschließend für einen Calvinisten ausschweifende liturgische Feiern, die keinen Zweifel am religiösen Charakter seiner königlichen Würde ließen.

Jahrelange Verhandlungen mit Kaiser Leopold waren vonnöten, um dessen Unwillen über ein preußisches Königtum zu besänftigen. Friedrich wollte unter keinen Umständen König von des Kaisers Gnaden sein, ein Lehnskönig, für den in der deutschen Verfassung übrigens gar kein Platz war. Dem Herkommen nach mussten Rangerhöhungen vom Papst oder vom Kaiser gebilligt werden. Für einen Protestanten gab es keine andere Möglichkeit, als sich mit dem Kaiser zu arrangieren. Leopold gab endlich nach. Beim Krieg um das spanische Erbe nach dem Tod seines Vetters Karl, der unmittelbar bevorstand, brauchte er Hilfe. Friedrich versprach sie und hielt sein Versprechen.

Sein Königtum hatte sein Fundament in Preußen, außerhalb des Reiches. König in Preußen und nicht von Preußen musste er sich auf polnischen Einspruch hin nennen, weil Westpreußen zu Polen gehörte. Dieser kleine Unterschied minderte seine Würde überhaupt nicht. Denn es bürgerte sich schnell ein, vom *Roi de Prusse* zu reden.

Die auffälligste Folge der Königserhebung war, dass sein Staat nun einen Namen hatte. Es gab fortan nur noch eine preußische Armee, eine preußische Regierung und preußische Behörden. Es dauerte aber noch Jahrzehnte, bis sich alle Untertanen auch selbstverständlich Preußen nannten. Das kam erst nach dem Siebenjährigen Krieg. Er machte Preußen zu einem Ehrennamen. Was vielen als Werk der Eitelkeit Friedrichs erschien, die Königserhebung, war ein Akt überlegter Staatsklugheit. Preußen, obschon mit den meisten seiner Provinzen zum Reich gehörend, war über dessen Rahmen hinausgewachsen. Es war unabhängig geworden, kein deutsches Königreich, sondern eines in Europa.

Den preußischen König als Kurfürsten konnte praktisch kein Kaiser mehr zur Ordnung rufen. Er musste mit ihm wie mit allen übrigen ausländischen Monarchen verkehren. Aber der preußische König konnte sich, eben weil er auch Kurfürst von Brandenburg war, selbstverständlich in die inneren Angelegenheiten des Reiches einmischen. Er durfte, wie der Kaiser, mal als Reichsfürst, mal als europäischer Monarch auftreten. Trotz aller Machtunterschiede standen jetzt Hohenzollern und Habsburger gleichberechtigt nebeneinander.

Den König begeisterte seine neue Würde. Er begriff sie als Aufgabe, ihr gemäß zu leben und sie mit dem prächtigen Rahmen zu umgeben, der ihr entsprach. Die festliche Repräsentation der Majestät, die sinnfällig das Königtum veranschaulichen sollte, nahm er sehr ernst. Zum ersten Mal umgab Berlin ein Schimmer vornehmer Opulenz. Friedrich I. baute sich ein Schloss, das wahrhaft königlich von Andreas Schlüter ersonnen war. Fischer von Erlach reiste von Wien an, um sich mit den neuesten Variationen des guten Geschmacks bekannt zu machen. Das Berliner Stadtschloss übertraf sämtliche Residenzen im Reich. Dieser ehemals schönste aller römischen Paläste nahm selbstbewusst den Wettbewerb mit dem Louvre auf. Mit dem Charlottenburger Schloss schuf Friedrich eine Nebenresidenz, die damals ihresgleichen im Reich nicht besaß.

Dort hielt die Königin Sophie Charlotte Hof, umgeben von italienischen Musikern, feinsinnigen oder gar freisinnigen Kavalieren, weltläufigen Jesuiten und dem sich gern verplaudernden Konversationsgenie und Universalgelehrten Leibniz. Schön und anmutig bei durchdringendem Verstand, zog sie der feierlichen Zeremonialität, die ihr Gatte kultivierte, den einfacheren Ton vor, der zur Intimität des Salons gehört. Hier gab es eigentlich nur einen Rangunterschied: Pedanten wurden als unpassend empfunden. Wer zu gefallen wusste, war immer willkommen. Selbst deutsche Dichter, entledigten sie sich des gespreizten Stils der Schlesier, konnten Beifall finden.

Eine stattliche Garde von Bildhauern, Architekten und Malern, meist Flamen oder Niederländer, machte sich daran, Berlin zu verschönern. Eine Kunstakademie, eine der ersten in Europa, sollte es auch den einheimischen Talenten ermöglichen, ihren Geschmack zu reinigen. Die Hugenotten zeigten, wie gründliche Wissenschaftlichkeit, religiöser Ernst und eleganter Witz miteinander zu vereinbaren waren. Die Berliner gewöhnten sich daran, französisch zu reden, obschon es auch einige gab, die davor warnten, sich vom »Franzosenteufel« allzusehr narren zu lassen und die deutsche Heldensprache zu verlernen. Gerade der polyglotte König legte großen Wert auf Verbesserung und Pflege der deutschen Sprache. Auf Grund seiner Einwirkung musste sich die 1701 von Leibniz gegründete Akademie der Wissenschaften darauf verpflichten, auch diesem Zweck zu dienen. Kurzum, Athene und Apoll hielten mit ihrem Gefolge Einzug in Berlin.

Die vornehme Welt um die Königin blieb nicht unberührt von dem bürgerlichen Pietismus, den Philipp Jacob Spener, der Propst an der Nikolaikirche, in Berlin heimisch machte. Die zärtliche Zergliederung der eigenen Seele und ihrer Zustände kam der höfischen Selbstbeobachtung durchaus entgegen. Es ging ja in beiden Fällen um Seelenschönheit, eine innerliche Reizbarkeit und Empfängnisbereitschaft. Außerdem entsprach der undogmatische Pietismus einer versöhnlichen Religiosität, wie sie vornehme Damen und Herren pflegten. Auch die Königin arbeitete unverdrossen mit bei den vergeblichen Versuchen, alle Konfessionen wieder zu vereinen.

Aber der Pietismus hatte auch eine andere, strenge Seite, die der adlig-höfischen Kultur nicht unbedingt entgegengesetzt war. Er sprach von den Pflichten. Zur Freiheit in Gott gelangt nur, wer in die Welt ausgreift. Nur der wird sich nicht verlieren, der sich fruchtbar und förderlich macht im Dienst für andere. Wer an welcher Stelle in der Gesellschaft auch immer, in freier Verantwortung für seine Taten handelt, der verwirklicht das allgemeine Priestertum, zu dem Gott den Menschen bestimmte. Er muss nur die Stimme seines Herzens mit den Forderungen der Vernunft in Einklang bringen. Die göttliche Vernunft offenbart sich in der Natur, im Naturgesetz, in der natürlichen Religion. Die Natur zu verstehen heißt, ihrer Vernunft verständig zu folgen. *Vivere est militare.* Das Leben ist ein Kampf, vernünftig und gottselig zu werden.

Eine ganz innerliche Bewegung wies den Weg hinein in die Welt, hinüber zum Staat. Denn die freie Gottesverehrung wird durch den Staat nicht beschränkt. Sie gehorcht dem Gesetz. In der staatlichen Rechtsordnung drückt sich die göttliche Weltvernunft aus. Also ist Gehorsam notwendig. Denn der Staat allein vermag die feindlichen Kräfte im Zaum zu halten, die von der Kanzel in der Kirche oder von der Lehrkanzel in den Universitäten Zwietracht und Unfrieden säen. Eine undogmatische Religiosität brauchte den Schutz des Staates. Seit dem Großen Kurfürsten wurde dieser Schutz gewährt. Es lag deshalb nahe, die Freiheit im Staat zu suchen, der sich als sittliche Kraft bestätigt hatte.

Die Professoren der Universität Halle, 1696 von Friedrich III. gegründet, schufen aus stoisch-antiken, pietistischen und naturrechtlich-vernünftigen Traditionen eine preußische Staatsreligiosität. Der Staat als Hort der Freiheit – weil auf dem Recht und der Vernunft gegründet – verhilft dem Einzelnen zur Erkenntnis seiner Bestimmung. Folgt er ihr, dann findet er zu seiner Freiheit im Bewusstsein freudig erfüllter Pflicht, wie später Kant, vom Pietismus geprägt, resümieren sollte.

Halle, um 1700 die erfolgreichste deutsche Reformuniversität, propagierte solche Vorstellungen in juristischen, politischen und theologischen Vorlesungen. Hier verschmolzen Innerlichkeit, praktische Vernünftigkeit und frühe Aufklärung über die Möglichkeiten, sich aus durch Aberglauben verschuldete Unmündigkeit zu befreien oder zu erlösen. Nicht die Kirche, der Staat ist eine Welterlösungsanstalt. Halle wurde über die pietistischen Bildungsanstalten und die Universität zur Schule und Hochschule preußischer Offiziere und Beamter. Dort wurde übrigens erstmals auf Deutsch unterrichtet und über Zeitschriften der Versuch gewagt, Deutsch zu einer lesbaren Wissenschaftssprache zu machen.

Was später »preußischer Geist« genannt werden sollte, entwickelte sich hier und gewann eine Ausstrahlung über Deutschland hinaus bis nach London, Stockholm oder Moskau. Kaum »geboren«, wirkte Preußen bildend. Die Militärmacht war zugleich Geistesmacht. Schon sprach von Rom, wer an Preußen dachte, von Athen, wer Berlin kennen lernte. Das ist wahrlich nicht gering zu achten, wenn ein König Geister rief und sie wirken ließ.

Seine mangelnde politische Energie wird oft getadelt. Doch er überschätzte weder seine Armee noch seine Möglichkeiten. Er diente bereitwillig dem Kaiser und der großen Allianz gegen Frankreich während des spanischen Erbfolgekrieges. Seine eigenen Interessen vergaß er darüber nicht. Er wollte das Erbe seines Onkels Wilhelm von Oranien, seit 1688 König von England, möglichst ungeschmälert antreten. Das hätte ihm am

Niederrhein zu einer bedeutenden Stellung verholfen. Zuweilen hoffte er, die Statthalterschaft der Oranier für sein Haus zu gewinnen. Sein Sohn Friedrich Wilhelm gefiel den Niederländern. Die Niederlande waren manchen Einsatz auf Seiten der europäischen Verbündeten wert. Doch Wilhelm setzte einen entfernteren Verwandten zum Erben ein, und alle rechtlichen Einwände des preußischen Königs halfen wenig. Er konnte sich ein paar Grafschaften am Niederrhein sichern und das weit abgelegene Neuburg im Schweizer Jura.

Aus dem gleichzeitigen Nordischen Krieg zwischen Schweden, Polen, Russland und Sachsen hielt er sich heraus. Er war gar nicht abgeneigt, sich zu beteiligen. Aber er erhielt keine verlockenden Angebote. Wegen Vorpommern hätte es sich gelohnt. Auch wegen Westpreußen oder Danzig, um Ostpreußen mit Pommern verknüpfen zu können. Nicht unbedingt an einer Teilung Polens, doch an Landgewinn auf Kosten Polens war er dauernd interessiert. Seine Vorschläge waren jedoch nicht »praktikabel«. Schließlich hatte jede der Krieg führenden Mächte eigene Vorstellungen, und keine wünschte sich einen Konkurrenten an der Ostsee. Die Westmächte fürchteten ohnehin eine Einmischung Friedrichs auf dem anderen »Kriegstheater«, weil sie seine Hilfstruppen nicht missen wollten.

Immerhin hatte der vorsichtige König zwar nichts gewonnen, aber, was doch auch etwas war, nichts verloren. Trotz aller Kriege jenseits seiner Grenzen konnte Preußen sich bei unvermeidlichen finanziellen Belastungen, die durch Zahlungen der Alliierten für militärische Hilfe nicht gemildert wurden, friedlich fortentwickeln. Einen moralischen Gewinn konnte Friedrich allerdings verbuchen: Europa hatte sich an das Königreich Preußen gewöhnt und stellte fest, dass es Preußen brauchte. Es lag in der Hand des Königs, der im Westen wie im Osten Interessen hatte, die beiden Kriege zu einem großen allgemeinen zu verbinden. Sein ruhiges Abwägen hielt das aufgeregte Europa im Gleichgewicht. Sowohl der Herzog von Marlborough als auch der kaiserliche Feldherr Prinz Eugen von Savoyen reisten nach Berlin, um Friedrich I. von unvernünftigen Schritten abzuhalten. Er blieb vernünftig, aber Europa dankte es ihm nicht. Preußen war eben nur eine Auxiliarmacht, ein hilfreicher Genosse, der keine übertriebenen Ansprüche stellen sollte.

»Zur Arbeit sind die Regenten erkoren«

Das Beispiel seines Vaters lehrte Friedrich Wilhelm I. (1713–1740), dass es nicht genügt, eine Armee dem zu verpachten, der bereit ist, am meisten dafür zu bezahlen. Unabhängig vermag nur der Monarch zu handeln, der eine Armee aus eigenen Mitteln unterhalten kann. Zur militärischen Selbständigkeit musste die finanzielle und wirtschaftliche hinzukommen, damit die Souveränität Substanz gewann. Friedrich Wilhelm war nur insoweit ein »Soldatenkönig«, als die militärischen Bedürfnisse der Antriebsmotor zu einer »totalen Mobilmachung« sämtlicher Kräfte für diesen Zweck waren. Alles Überflüssige musste einer durchgreifenden Rationalisierung, Koordinierung und Konzentrierung der Verwaltung weichen. Für überflüssig hielt er alles, was dem Leben auch nur einigen Schmuck und geistige Anmut verleiht.

Von einem Tag auf den anderen wurde die Hofhaltung abgeschafft und mit ihr jeder höheren Kultur der Lebensatem genommen. In höfischen Epochen hing nun einmal alles mit der festlich-schönen Repräsentation zusammen. Die banausische Sparsamkeit des Königs entsetzte selbst Asketen. Bedürfnislos, wie er war, sollten sich alle nach seinem Beispiel richten. Die einzige Verschwendung, die ihm gefiel, war die frohgemute Verschwendung von Arbeitskraft zum allgemeinen Besten. Sein Preußen verstand er als ein Arbeitshaus, sich selbst als Vorarbeiter: denn »zur Arbeit sind die Regenten erkoren«, wie er seinem Sohn einschärfte.

Dieser Willensstarke wollte die vielen Willen Einzelner zu einem Gesamtwillen zusammenschweißen, einem Willen zum Staat. Die Seligkeit gehört Gott, aber alles Übrige ihm, dem Sachwalter des königlichen Staates. Ein großes Abstraktum wie der Staat verschlang nahezu die Person des Königs und forderte Andacht und Ehrfurcht. Friedrich Wilhelm begriff sich als »Gottes schlichten Amtmann an dem Fürstentum«. Das Fürstentum, eben der Staat als gottgegebene Einrichtung, verlangt Gehorsam.

Wie er sich der Vernunft des Staates unterordnete, sein Ich vergaß, nur um an das allgemeine Wohl zu denken, so sollten alle gehorchen, zur Vernunft gelangen und sich nützlich machen. Der Staatsdienst war der Weg zu Gott und zur Seligkeit. »Wenn ich baue und bessere und mache keine Christen, so hilft es mir nicht«, bekannte der fromme König. Doch er sah nie die Gefahr, dass sein Staat zu einer seelenlosen Maschine bloßer Funktionstüchtigkeit erstarren könnte, sobald sich diese christlichen Erinnerungen verflüchtigten. Bald nach seinem Tod sollten radikale Aufklärer, die im Menschen nur eine tätige Maschine erblickten, im Preußen Friedrich Wilhelms das technische Kunstwerk des Staates als Maschine feiern. Gerade wegen seiner Künstlichkeit als Produkt vernünftigen Wollens begeisterte das preußische Modell. Es funktionierte wie eine Präzisionsuhr, pünktlich, gesetzmäßig und genau.

Das verursachte zuerst einmal Schrecken und Widerwillen unter den Preußen. Sie hatten sich daran gewöhnen müssen, dass auf ihre ständischen Freiheiten und Eigenwilligkeiten immer weniger Rücksicht genommen wurde. Friedrich Wilhelm war nicht nur entschlossen,

»die Junkers ihre Autorität« zu ruinieren. Er wollte die Reste jeder Autorität eigenen, historischen Rechts neben der staatlichen beseitigen. Es sollte, auch wenn man das Wort noch nicht kannte, nur noch Staatsbürger geben, die den drei gleichen Pflichten genügten: der Steuer-, der Wehr- und der Schulpflicht. Der Kanon der Grundpflichten bildete die Grundlage für die gleichen Grundrechte, zusammengefasst in der Gleichheit vor dem Gesetz, das schützt, sichert und nicht allein straft. In einem allgemeinen Landrecht für das gesamte Preußen sollte der Staat als Rechtsstaat seine Grundlage finden. Er hatte die Idee, doch erst Jahrzehnte nach seinem Tod kam dessen Formulierung zum Abschluss – eines der wenigen Dinge, die der ungestüme Monarch nicht vollenden konnte.

Denn nichts verärgerte den Hitzkopf mehr als Saumseligkeit. *Cito, cito* war seine ständige Mahnung, schnell, möglichst sofort. Nur sehr allmählich gewöhnte er seine Beamten an sein Temperament und den von ihm ausgehenden Leistungsdruck. Im »Generaldirectorium« schloss er seit 1723 die gesamte Finanz- und Wirtschaftsverwaltung zusammen. Auch die königlichen Domänen, nun zum Staatsbesitz erklärt, wurden ihm zugeordnet. Erfahrene Beamte aus den Provinzen kontrollierten von dort aus die Landschaften. Lokale Unterbehörden, möglichst mit ortsfremden, also neutralen Beamten ausgestattet, waren über geregelte Dienstwege und Verantwortlichkeiten mit dieser letzten Instanz verbunden, deren Präsident der König war.

Einen blinden Gehorsam erwartete der König als Staatsorgan nicht. Da er unbedingte Verantwortung des Einzelnen forderte, musste er auch Ermessensfreiheit und Handlungsspielraum zugestehen. Daraus ergab sich eine Balance von Vollzugstüchtigkeit und Selbstbestimmung, die von nun an zum Ethos und Berufsbild des Beamten gehörte. Ein Geist der Sachlichkeit und sachdienlicher Bestimmtheit sollte die Herrschaft der Vernunft durchsetzen. Staatliche Steuerbeamte räumten in den Städten mit der unübersichtlichen Vetternwirtschaft auf und lockerten die Zwänge zunftmäßiger Egoismen. Staatlicher Zwang bedeutete auch Freiheit und Emanzipation aus Abhängigkeiten. Das machte seinen Erfolg aus.

Die Wehrpflicht, die alle Preußen seit ihrer Einführung 1733 als despotische Grausamkeit betrachteten und erlitten, bot ebenfalls Chancen zur Emanzipation. Der davon am meisten Betroffene, der Bauer, war nun nicht mehr allein seinem Grundherrn unterstellt. Er genoss auch den Rechtsschutz seines Regiments, den er gegen seinen Herrn in Anspruch nehmen durfte. Die Bauern lernten, dass es einen Friedrich gab, einen König, auf den sie sich verlassen konnten. So wurden auch sie vom Staatsgedanken ergriffen, von der Idee einer Freiheit im Staat.

Eine vollständige Befreiung der Bauern konnte er freilich nur als Ziel für die Zukunft wünschen. Ihm schien es schon 1719 »eine edle Sache, wenn die Unterthanen statt der Leibeigenschaft sich der Freiheit rühmen, das Ihrige desto besser genießen, ihr Gewerbe und Wesen mit um so mehr Begierde und Eifer als ihr eigenes treiben«. Das hätte aber eine soziale Revolution bedeutet.

Der störrische Adel, im Grunde an die Scholle gebunden wie seine Erbuntertänigen, da er nicht außer Landes gehen und fremde Dienste annehmen durfte, konnte als Offizier und Beamter beweglicher werden und »Karriere« machen. Beides unterwarf ihn Vorschriften im Sinne der Laufbahnbestimmungen. Aber seine

»Verstaatlichung« gewährte ihm neue Möglichkeiten und Lebensentwürfe. Außerdem war es für ihn nicht nachteilig, dass er als Offizier unter Umständen über seine Bauern befehligte, die ihm während der ausgiebigen dienstfreien Zeiten auf dem Land dienten. Die Disziplinierung durch die Waffe disziplinierte den Bauern auch zu effizienter Arbeit im Herrschaftsdienst. So griff eins ins andere.

Im Übrigen waren die schlecht bezahlten Offiziere jahrelang auf kräftige Unterstützung durch ihre Familie angewiesen. Auch die adlige Steuerfreiheit war durch eine Wehrsteuer durchbrochen. Insofern war es nicht unberechtigt, den Adel in der Armee zu privilegieren und Junkern die halbwegs anständig honorierten hohen Ränge vorzubehalten. Bürgerliche konnten allemal Zugang ins Offizierskorps finden. Doch das kam selten vor, schon allein weil Bürger von dem ihnen fürchterlichen Wehrdienst befreit waren. Die Bevorzugung des Adels hatte den praktischen Sinn, ihn überhaupt mit dem Staatsinteresse vertraut zu machen, ihn für den Staatsdienst zu gewinnen.

Überhaupt dachte der König in Funktionen, also berufsständisch. Die Landbevölkerung – Bauern und Adel – sollte als Soldaten verwendbar sein. Bürger, also Städter, aber auch Handwerker auf dem Land, hatten zum Vorteil des Staates die Gewerbe »in Flor« zu bringen und konnten daher nicht aus dem zivilen Leben abgezogen werden. Aber selbst Bauern konnten wegen der notwendigen »inneren Kolonisation« nicht konsequent zur Wehrpflicht herangezogen werden. Wer sich in Preußen ansiedelte – und Friedrich Wilhelm warb überall im Reich um Menschen – erwartete zumindest für eine Generation Befreiung vom Wehrdienst. Selbst Glaubensgenossen, wie die 1732 aus Salzburg Vertriebenen, kamen doch nur gern nach Ostpreußen, sofern sie Garantien erhielten, die Unterdrückung des Gewissens nicht gegen militärischen Zwang tauschen zu müssen.

Der preußische Militärdienst war berüchtigt. Aber auch Friedrich Wilhelm musste viele Ausnahmen zulassen und vorsehen. Preußen wurde also keineswegs zu einer großen Kaserne. Doch das Militärwesen war wie die Unruhe in der Uhr das bewegende Element. Die Armee war schließlich der größte Verbraucher. Ihre Bedürfnisse schufen Arbeit und zugleich gaben auch die sparsamsten Soldaten Geld aus. Wirtschaftliche und militärische Interessen erforderten die Schulpflicht, die Übung der Verstandeskräfte. Der Drill der geistigen Gelenke und Muskeln prägte wie nach dem Exerzierreglement den Unterricht von der Volksschule bis zum Gymnasium. Aber unter »dem Regiment des Corporalstocks« erwachte in preußischen Schulen auch Johann Joachim Winckelmanns Sehnsucht nach griechischer Regelmäßigkeit und klassischer Schönheit. Er verfluchte das Preußen Friedrich Wilhelms und waltete später von Rom aus als Amtmann des Göttlich-Schönen über ganz Europa.

Vielleicht konnte nur ein Preuße zum Propheten des Klassizismus werden, zum Propheten klassischer Regelmäßigkeit und wohlproportionierter Ordnung. Auf seine ganz ungefällige Art strebte der »Soldatenkönig« ebenfalls danach, ein Liebhaber der harmonischen Beziehungen und Ordnungen. Alle schweifenden Originalitäten sollten sich dem übergeordneten Zweck des Staates versöhnlich einschmiegen und darüber geformt werden. Nur vorläufig begriff er sich als Erzieher, als Künstler, der dem rohen »Menschenmaterial« den preußischen Beamten und Offizier als Gestalt abringt. Ist sie erst einmal aus dem Stein herausgerissen, dann wird sie stilprägend im klasssisch-disziplinierten Sinne als Vorbild weiter wirken. Der Geist Winckelmanns sollte später den Beamten und Offizier erfüllen und einen preußischen Humanismus ermöglichen, an den Friedrich Wilhelm gar nicht dachte und den er unfreiwillig über das ausgewogene Gleichgewicht des staatlichen Kunstwerks dennoch vorbereitete.

Soldatisch war an diesem seltsamen Bürgerkönig, der mit Ärmelschonern über den Akten saß, gar nichts. Dass er vorzugsweise Uniform trug, besagt wenig. Sie war das »Staatskleid«, sie machte ihn als obersten Staatsbeamten kenntlich. Schließlich war er Herr über Krieg und Frieden. Und den Frieden liebte er mehr als den Krieg. Preußen brauchte Ruhe, um seine Kräfte sammeln und anspannen zu können. Auf Grund russischer Überredungen beteiligte er sich zwischen 1715 und 1720 am Nordischen Krieg gegen Schweden. Wieder einmal war ganz Vorpommern und Rügen erobert. Doch die großen Mächte gestanden, nicht zuletzt unter kaiserlicher Einwirkung, Preußen nur Stettin und die angrenzenden Gebiete bis zur Peene zu. Diese Enttäuschung bestärkte ihn in der Vermutung, dass Preußen nie mehr betrogen werden könne, sobald es aus eigener Substanz zu handeln vermochte und nicht auf die finanzielle Unterstützung seiner Verbündeten angewiesen war.

Seine erstaunlichste Leistung bleibt, wie er Preußen bei erheblichem Steuerdruck wirtschaftlich entwickelte, eine abnorm große Armee bei abnorm geringer Bevölkerung endlich aus eigenen Einkünften finanzieren konnte und dennoch beachtliche Überschüsse zu einem Staatsschatz zusammentrug, der abnorm groß war. Preußen stand als Musterstaat da, hochgerüstet und schuldenfrei. Die Armee mit 80 000 Mann beeindruckte bei Manövern Gegner wie Beobachter.

»So schnell schießen die Preußen nicht«, wurde allerdings auch zum geflügelten Wort. Sie schossen tatsächlich nicht. Der Soldatenkönig verhandelte lieber, am hartnäckigsten über den nahenden Erbfall am Niederrhein. Beim Aussterben der Pfalz-Neuburger hoffte er, zumindest Berg mit der Festung Düsseldorf aus dem alten Bestand des Herzogtums Jülich erwerben zu können. Karl VI. versicherte ihm 1728 im Berliner Vertrag sein Verständnis für diese Wünsche und versprach, sie wohlwollend zu berücksichtigen, sobald der Erbfall eintrete. Er brauchte damals Friedrich Wilhelms Zustimmung, damit seine Tochter Maria Theresia in Österreich und den übrigen Reichslehen seine Nachfolge antreten konnte. Das deutsche Recht kannte keine weibliche Erbfolge. Doch Karl VI. beabsichtigte nie, seine recht unbestimmt gehaltenen Verpflichtungen einzuhalten.

Die nächsten zehn Jahre waren mit weiteren lästigen Verhandlungen über die Interpretation des Abkommens erfüllt. Das Reichsoberhaupt »internationalisierte« endlich eine rein reichsrechtliche Angelegenheit. Frankreich, die Niederlande und England entdeckten mehr Nachteile als Vorteile in einer gestärkten Stellung Preußens am Niederrhein. Auf Anraten Österreichs forderten die vier Mächte 1739 den König ultimativ dazu auf, sich ihrem Schiedsspruch zu unterwerfen. Friedrich Wilhelm war entrüstet. Er ahnte, wie das Urteil ausfallen werde. Vorsichtshalber drohte er, in Kleve 40000 Mann einzuquartieren. Zum ersten Mal in seiner langen Regierungszeit erinnerte er die Mächte eindringlich an seine Waffen. Als »honetten Mann« empörte es ihn, dass sein Recht beliebigen Übereinkünften im Sinne des »Gleichgewichts« weichen sollte.

Seine Drohung wirkte sofort. Keiner wollte wegen Düsseldorf einen Krieg führen. England und die Niederlande lenkten ein, und mit Frankreich verständigte er sich wenigstens über den Erwerb Bergs ohne die Festung Düsseldorf. Der Spatz in der Hand war ihm näher als die Taube auf dem Dach. Vom Kaiser jahrelang genarrt worden zu sein schmerzte sein aufrichtiges Gemüt. Er hatte einmal geäußert, der Kaiser müsse ihn schon mit Füßen von sich stoßen, bevor er sich von ihm trenne. Karl VI. überschätzte leichtsinnigerweise die Geduld des königlichen Ehrenmannes. Dieser machte jetzt keinen Hehl mehr daraus, dass es einen gab, der ihn rächen werde. Der Kaiser wolle wohl nach der Lehre Machiavellis ganz und gar böse mit ihm verfahren. »Aber vielleicht kommt einmal die Zeit, wo der Kaiser bereuen wird, daß er seinen besten Freund so empfindlich beleidigt und anderen aufopfert.«

Die Zeit kam mit Friedrich II., der Machiavelli gründlich studiert hatte. Was Friedrich Wilhelm allen zumutete, davon verschonte er auch seinen Sohn nicht: Preußen zu werden nach seinem Willen und seiner Vorstellung. »Höre, mein Kerl, wenn du auch sechzig bis siebzig Jahre alt wärest, so sollst du mich nichts vorschreiben. Und da ich mich bis dato gegen jedermann souteniert, wird es mir an den Mitteln nicht fehlen, dich zur *raison* zu bringen.« Er bewies es ihm nach dessen vergeblichem Fluchtversuch 1730. Friedrich wurde aus der Armee ausgeschlossen, musste Zeuge bei der Hinrichtung des Freundes und Fluchthelfers Katte sein, durfte keine Bücher mehr lesen und hatte als kleiner Angestellter in Küstrin alltäglichste Verwaltungsangelegenheiten zu bearbeiten. Den Willen des Sohnes konnte der Vater nicht brechen, aber gehorchend gewann Friedrich die erstaunliche Unabhängigkeit eines selbstgewissen, selbstgemachten Mannes, die bald verheißungsvoll an ihm auffiel.

Seit 1734 in Rheinsberg lebend, nach seinen Worten überhaupt erst zum Leben erwachend, las er viel und nicht zum Zeitvertreib. »Lesen heißt denken«, wie er später einmal einem Offizier bedeutete. Beim Lesen dachte er, und was er dachte, schrieb er auf. Indessen ganz und gar Preuße geworden, dachte er über seinen Beruf nach und den Beruf Preußens. Sein Vater empfahl ihm wohl: »Aus Büchern lernt man nichts, sondern die Practique muß es machen.« Doch er lernte gerade aus Büchern, worauf es in der Praxis ankommt. In seinem »Anti-Machiavelli« zog er die Summe seiner bisherigen Gedanken.

Ganz wie sein Vater verstand er Regieren als Arbeit am Glück der Menschen. Die innere Kolonisation Ostpreußens nach den Verheerungen durch die Pest 1709 war ihm ein Beweis, welche Belohnung darin liegt, »einer halben Million denkender Wesen Glück und Leben zu sichern«. Königliche Herrschaft im Staat begriff er in diesem Sinne weniger als Ansammlung von Macht, sondern als Ort bestimmter Pflichten. Die Macht ist nur ein Mittel für den Fürsten, damit er seine Pflichten erfüllen kann. Die ihm anvertrauten Menschen sind weder gut noch schlecht. Worauf es allein ankommt, ist, sie zu großen Dingen zu verwenden, sie reif zu machen für die Aufgaben im Staat. Ein solcher Fürst will nicht, was er kann, sondern er will das, was er soll. Wie das Beispiel Ostpreußens bestätigte, braucht ein Fürst nicht neue Provinzen zu erobern, weil er gleichsam neue gewinnt, wenn er verwüstete wieder emporbringt. Aber heißt das, dass er auf Eroberungen verzichten muss?

Friedrich schrieb dies 1739 unter dem demütigenden Eindruck des bevormundenden Ultimatums während der Krise um Berg und Düsseldorf. Ein Herrscher muss in der Lage sein, den oder die Gegner zu zwingen, die

Gerechtigkeit seiner Sache anzuerkennen. Dazu gebrach es Preußen an Mut. Da es keinen Praetor unter den Staaten gibt, keinen Gerichtshof, an den sie sich wenden können, sind sie Richter in eigener Sache. Sie müssen gegebenenfalls Krieg führen, den Mut zu ihren eigenen Mitteln und Kräften haben. Der Krieg ist ein Übel, die *ultima ratio,* wenn alle anderen Mittel versagen. Zwingt die Notwendigkeit dazu, dann muss ihrem Gebot Folge geleistet werden. Denn besser als ein »fauler Frieden« ist ein guter Frieden, den ein erfolgreicher Krieg ermöglicht.

Die Notwendigkeit kann es gebieten, Provinzen zu erobern, doch nie mehr, als der Staatskörper zu verdauen vermag. Außerdem muss man immer das Wechselspiel der Kräfte im Auge behalten, mit dem sich das Staatensystem in geordneter Bewegung hält. Nur was innerhalb dieses empfindlichen Systems erreichbar ist, lässt sich auch durchsetzen. Zuweilen empfiehlt es sich, durch einen Angriff dem Gegner zuvorzukommen, um einen Vorteil zu erlangen, und Verträge zu brechen, die den unbeständigen Interessen widersprechen.

Solch allgemeine Überlegungen stellte er nicht als unverbindliches Gedankenspiel an. Er spricht in einem konkreten Moment. Am 31. Mai 1740 stirbt sein Vater. Im Oktober 1740 erscheint seine Schrift im Druck. Am 21. Oktober stirbt Kaiser Karl VI. Damit stellt sich die österreichische Erbfrage. Am 7. November erteilt der König dem Minister Podewils den Auftrag, Rechtsgründe für den Einfall in Schlesien zusammenzustellen. »Denn die Befehle an die Truppen sind gegeben.« Der »Anti-Machiavelli« hatte abstrakt vom Krieg gesprochen und handelte doch von dem Krieg, den sein Verfasser jetzt überraschend auslöste.

Einladung zum Rendezvous des Ruhms

»Meine Herren, ich unternehme einen Krieg, für den ich keine anderen Bundesgenossen habe als Ihre Tapferkeit und keine andere Hilfsquelle als mein Glück. Erinnern Sie sich stetig des unsterblichen Ruhms, den Ihre Vorfahren auf den Gefilden von Warschau und Fehrbellin erworben haben, und verleugnen Sie nie den Ruf der brandenburgischen Truppen. Leben Sie wohl, brechen Sie auf zum Rendezvous des Ruhms, wohin ich Ihnen ungesäumt folgen werde.« Mit diesen Worten verabschiedete sich der König am 12. Dezember 1740 von den Berliner Regimentern, die Befehl erhielten, in Schlesien einzufallen.

Er verbarg nie, dass ein leidenschaftliches Verlangen, seinen Namen in den Zeitungen und dereinst in der Geschichte zu lesen, ihn verführt habe, den Rubikon zu überschreiten. Wie den Aufmarsch zu einem Fest, »mit wehenden Fahnen und klingendem Spiel«, erlebte er den Einmarsch seiner Truppen in Schlesien. »Tatkraft hat ihm den Weg gebahnt,/Und Frohsinn ging mit auf die Reise«, dichtete artig Voltaire in der Ferne. Jubelnde Volksmengen, niederschlesische Protestanten, umdrängten den jungen Helden mit den strahlenden blauen Augen. Aber auch die katholischen Breslauer konnten sich gar nicht beruhigen vor Entzücken über die friedfertigen, »galantmundierten« Soldaten, die vor allem bei den

Kopenhagen
Kgr. DÄNEMARK
Nordsee
Helgoland
Kiel
Lübeck
Hamburg
Bremen
Fsm. Ostfriesland 1744
VEREINIGTE NIEDERLANDE
Amsterdam
Lingen 1702
Tecklenburg 1707
Bm. Minden
Ravensberg
Hannover
Prignitz
Altmark
Kurmark
Potsdam
Erzhm. Magdeburg
Bm. Halberstadt
Hzm. Kleve
Münster
Obergeldern 1715
Wernigerode 1714
Gft. Mark
Hohnstein
Kassel
Kfsm. Sachsen
Köln
Erfurt
Mainz
Luxemburg
Würzburg
Nürnberg
Gft. Limburg 1715–42
Kgr. FRANKREICH
Passau
München
Salzbu
SCHWEIZ
Fsm. Neuenburg 1707
Innsbruck
Dresden

Memel
Tauroggen
1691–1793
Ostsee
Tilsit
Bornholm
Königsberg
Preußen
Serrey
Danzig
Kolberg
Hinter-
pommern
umark
Schwiebus
1686–95/1742
Warschau
ossen
Kalisch
Kgr. Polen
Radom
Breslau
Schlesien
1742
Beuthen
Krakau
Jägern-
dorf
Oderberg
Böhmen
Mgft. Mähren
Wien
Preußen 1748
Königreich Preußen 1701
Preußische Erwerbungen 1702–1748
Habsburgisches Reich
Reichsgrenze im 18. Jahrhundert
Grenze Preußens

Damen starken Eindruck machten. Es war der »frisch-fröhliche Krieg«, wie er als mythisches Bild in der preußischen Erinnerung fortlebte.

Europa staunte. Es hatte immer Gerüchte gegeben, dass Friedrich mit einem großen Schlag seine Regierung antreten werde. Nur hatte keiner geahnt, mit was für einem Schlag. Die Geheimnisse dieses philosophischen Kopfes und virtuosen Flötenspielers blieben auch den vertrauten Freunden unerreichbar. Mit diesem Knalleffekt hatte niemand gerechnet. Selbst Friedrichs Minister waren überrumpelt worden. Sie staunten und gehorchten. Immerhin handelte es sich um eine Unverfrorenheit sondergleichen. Manche beurteilen noch heute diesen Krieg als eines der größten Verbrechen, die in der neueren Geschichte begangen wurden.

Friedrich raubte Schlesien und fand nichts dabei, ein Räuber gescholten zu werden. Der Philosoph betrachtete jeden Fürsten gewissermaßen als Räuber. Nur dass die anderen Rechtstitel vortäuschten, wenn sie Recht und Verträge brachen. Zum ersten Mal in der europäischen Geschichte verzichtete ein Monarch darauf, wenigstens den Schein zu wahren. Die nachträglich zusammengesuchten Rechtfertigungen brachten ihn höchstens in den Verdacht, sich wie ein Heuchler vor der Tugend verbeugen zu wollen. Diesen Verdacht empfand er als unehrenhaft. Denn als Heuchler wollte er die anderen entlarven, indem er mit ihren Bräuchen brach. In seiner Schilderung des Krieges für die Mit- und Nachwelt beschönigte er nichts.

Der König zog den Schleier weg vor dem Geheimnis, das immer ein Geheimnis bleiben sollte, dass Macht vor Recht geht, dass Macht Recht schafft. Darin liegt der dauernde Skandal dieses Raubkrieges, der auch das nächste gehütete Geheimnis aller schamhaften Verhüllungen entkleidete, nämlich dass der Erfolg die Mittel heiligt. Denn ganz Europa bestätigte und heiligte in Verträgen den preußischen Besitz Schlesiens. Es gab damit eine Antwort auf Machiavellis stets beunruhigende Frage, wie aus bloßer Gewalt begründete Macht und aus Macht endlich berechtigte Herrschaft werde – eine Antwort, die der Staatsraison entsprach, auf die sich König Friedrich berief.

Der König und Philosoph vertraute nicht der Macht, sondern der Vernunft. Die Staaten können als große Individuen alles, was sie wollen. Aber eine gedeihliche Ordnung unter ihnen ergibt sich nur, wenn die Vernunft mäßigend auf sie einwirkt. Das heißt, nichts Unvernünftiges zu wollen. Der Maßvolle strebt nur nach Modifizierungen innerhalb eines immer beweglichen Staatensystems, um eigene Nachteile im dauernden Wettbewerb abzuschwächen oder ganz zu überwinden. Es bleibt eine immer neue Aufgabe, den verständlichen Egoismus verträglich für andere zu machen, die ihrerseits auf ihren Vorteil bedacht sind. Im Gleichgewicht der Kräfte verschieben sich dauernd die Gewichte. Sie müssen deshalb ununterbrochen neu ausbalanciert werden.

Solche Gedanken waren dem Zeitalter der Vernunft teuer. Friedrich forderte dazu auf, die unvermeidliche Konkurrenz gleichberechtigter Staatsinteressen nicht mit sittlich-moralischen Grundsätzen zu belasten. Allein Erwägungen über Nutzen und Nachteil für alle Beteiligten sollten bei Veränderungen der schwankenden Gleichgewichtslagen ausschlaggebend sein. Zwischenstaatliche Politik müsse sich darauf beschränken, die verschiedenen Ambitionen auszugleichen, ohne sie moralisch zu beurteilen oder zu verurteilen. Das schlug er Europa während des Schlesischen Krieges vor. Sein Vorschlag enthielt gar nichts Neues. Seit bald zwei Jahrhunderten empfanden es die Fürsten zunehmend als lästig, Kriege als gerechte Kriege führen und ihre Vorteilssuche mit einem gerechten Grund verbinden zu müssen.

Erleichtert folgten sie Friedrichs drastischer Aufforderung, sich über Recht und Gerechtigkeit nicht mehr den Kopf zu zerbrechen und den Krieg als Fortsetzung der Politik mit anderen Mitteln zu betrachten. Seit Friedrichs beherztem erstem Eingriff in die internationale Politik gab es keine gerechten Kriege mehr. Das bedeutete, dass auch der Friede sich vom Recht ablöste. Die europäische Ordnung beruhte von nun an auf Kompromissen, die sich ausschließlich nach dem Nutzen richteten, den möglichst viele davon hatten. Das war eine bescheidene, sehr unsittliche, aber dem Zusammenleben bekömmliche Übereinkunft. Er stellte zwischen dem Egoismus und dem Altruismus eine vernünftige Beziehung her, die es trotz sittlicher Neutralität doch erlaubte, gesittet miteinander zu verkehren. Das ist die andere Wirkung vom Raub Schlesiens. Europa betrieb bis 1914 in diesem Sinne internationale Politik.

Das besiegte Österreich brauchte am längsten, um sich an diese Übereinkünfte zu gewöhnen. Maria Theresia und ihre Beamten wurden nicht müde, Preußen als einen Militärstaat zu schildern, der mit der Begierde nach Vergrößerung und Übermacht eine dauernde Gefahr für Europa bedeute. Ohne Rücksicht auf seine begrenzten Kräfte habe Friedrich alles auf kriegerischen Fuß gesetzt, um sofort losschlagen zu können, als ihm der Augenblick dafür günstig erschien. Sein kriegerischer Geist zwinge die friedliebenden Staaten, ebenfalls zu rüsten, um nicht dem ersten Angriff schon zu erliegen. Auf diese Art nötige er alle, sich zu militarisieren und immer auf der Hut zu sein. Er störe die allgemeine Ruhe in Europa. Deshalb dürfe er Schlesien nicht behalten.

Damit jeder wieder frei atmen könne, müsse Preußen, um »der Glückseligkeit des Menschlichen Geschlechtes« willen, wieder auf seine ursprüngliche Mittelmäßigkeit zurückgeführt werden. Es ging nicht mehr um die Wiedergutmachung geschehenen Unrechts, um die Rückerstattung Schlesiens. Das erklärte Ziel war, Preußen auf ein für Österreich bekömmliches Mittelmaß zu beschränken. Darin äußert sich ein machtpolitisches Interesse, allerdings moralisch verbrämt. Keine Rechtsverletzung Friedrichs berechtigte dazu, an ihm Unrecht zu verüben. Denn seine Territorien besaß er rechtmäßig. Österreich hielt sich also an die herkömmliche Politik, die der König als unaufrichtig tadelte. Maria Theresia und ihre Berater bemerkten nie den inneren Widerspruch, eine Politik für verwerflich zu erklären, deren Methoden sie selber übernahmen. Daran scheiterten sie zuletzt.

Friedrich gestand, von der Ruhmsucht verführt worden zu sein, als er den Krieg begann. Aber seine persönliche Leidenschaft entsprang einer politischen Unzufriedenheit, dem Unbehagen an diesem preußischen »Zwitterwesen zwischen Kurfürstentum und Königreich«. Damit sollte nun Schluss sein. Im Einklang mit überlieferten Theorien betrachtete er es als Naturgesetz, dass Staaten sich vergrößern wollen. Sie drängen danach, zu der ihnen angemessenen Gestalt zu finden. Preußen befand sich noch im Wachstum. Ein übergroßes Wachstum strebte er nicht an, aber eine Abrundung seiner Gebiete zu einem zusammenhängenden Block, eine Absicht, die fast allen zeitgenössischen Monarchen vertraut war. Er setzte sich begrenzte Ziele, soweit die wandelnden Konstellationen die Aussicht boten, sie auch erreichen zu können.

Als kalkulierender Machtpolitiker wusste er nicht, wann Preußen ein saturierter Staat sein werde. Das ließ sich im achtzehnten Jahrhundert, als Grenzen ununterbrochen verrückt wurden, gar nicht feststellen. Aber er war viel zu vorsichtig, als dass er seine Einbildungskraft überspannt hätte. Preußen sollte allerdings auf Grund seiner militärischen und finanziellen Kraft im Konzert der Mächte die Stimme übernehmen, die seinem Rang entsprach. Diesen Rang wollte er gegen jeden Widerspruch sichern. Sein Ehrgeiz hielt sich im vernünftigen Rahmen seines Jahrhunderts.

Sämtliche Staaten hatten in feierlichen Verträgen der Pragmatischen Sanktion zugestimmt, mit der Maria Theresia ihr unteilbares Erbe garantiert wurde. Doch niemand fühlte sich deswegen verpflichtet, sein Wort zu halten. Keiner wusste, wie sich der andere verhalten würde. Friedrich handelte 1740 und befreite jedermann von letzten Skrupeln. Es gab nicht nur einen lokalen Schlesischen Krieg, sondern daneben einen europäischen Krieg, den Österreichischen Erbfolgekrieg. Der Räuber Friedrich weckte die Raubinstinkte aller: Eine gekrönte Räuberbande fiel über Maria Theresia her. Friedrich hatte kein Interesse daran, Österreich aufzuteilen, auch wenn er sich solchen französisch-bayerischen Plänen zeitweise nicht entzog, solange sie ihm nützten. Er wollte nur Schlesien. Er wollte nie mehr, als Preußens Magen verdauen konnte.

1748 erkannten die europäischen Mächte seine Eroberung an. Preußen war etabliert unter den Großmächten, die gleichwohl allesamt enttäuscht waren, dass nur Friedrich das große Los in der Lotterie des Krieges gezogen hatte, während sie leer ausgingen. So ergebnislos endeten »gerechte Kriege« in Europa bislang nicht. Friedrich, für die Preußen indessen schon der Große, gab sich keinen Illusionen über Maria Theresia hin, die rüstete und in Europa für die Vernichtung Preußens warb.

Friedrich ergriff 1756 abermals die Initiative, diesmal um einem Angriff zuvorzukommen. Den ganzen Kontinent gegen sich, glaubte er, nun auch noch Sachsen verdauen zu können, damit sich die Anstrengung auch lohne. Insofern kam ihm der Krieg nicht einmal ungelegen.

Maria Theresia wollte den Krieg. Der preußische König ebenso. Sie wollte Preußen vernichten. Er wollte nicht Österreich vernichten, sondern Preußen erhalten und so mächtig machen, dass Europa es nicht mehr wagen konnte, sich eine Zukunft ohne preußische Mitsprache vorzustellen. Von 1756 bis 1763 dauerte dieses innerdeutsche Duell, der Siebenjährige Krieg, im Zusammenhang eines großen Weltkrieges, den weder Maria Theresia noch Friedrich richtig verstanden. Dafür waren beide zu sehr auf Mitteleuropa konzentriert. Die weltweiten Verwicklungen entschieden schließlich über das Schicksal Preußens. Da es unmöglich war, Friedrich zu besiegen, verständigten sich die Mächte darauf, Preußen endgültig ins sogenannte Konzert der Großmächte aufzunehmen. Das europäische Gleichgewicht beruhte nun auf der Pentarchie, der Herrschaft der fünf Mächte – Frankreich, Großbritannien, Österreich, Preußen, Russland –, die untereinander ihre Interessen abstimmten und die Ordnung Europas nach ihren Vorstellungen gewährleisteten.

König von Preußen war seither kein leerer Titel mehr. Friedrich hatte ein Königreich gewonnen, indem er dessen Existenz zäh verteidigte. Seine Untertanen lernten, sich nach den großen Siegen des Jahres 1757 bei Prag, Roßbach und Leuthen als Preußen zu fühlen. Die fürchterliche Niederlage von Kunersdorf 1759, die selbst den König fast zu Boden schlug, straffte den Widerstandswillen. Es war nicht allein der Krieg einer Armee, es war auch der Krieg der Bürger und Bauern, die damals begannen, im König den »alten Fritz« zu sehen. Er war für sie der Große und zugleich einer der Ihren. Die dynastische Loyalität erweiterte sich zu einem preußischen Patriotismus.

Übrigens schon mit dem Hochmut, den Deutsche daran nie besonders liebenswürdig fanden. Die Sachsen haben es bis heute nicht vergessen, was es bedeutet, von Preußen besetzt zu sein. Aber Lessing, dem die heroische Schwachheit der Liebe zum Vaterland, zum sächsischen Vaterland, fremd war, setzte mit dem Tellheim in seiner »Minna von Barnhelm« dem preußischen Offizier ein bleibendes Denkmal.

Europa kannte vor den Revolutionskriegen keine »Volkserhebung«. Was allgemein erstaunte, war die Disziplin, der nüchterne Ernst, mit dem jeder seine Pflicht tat. Pflicht und Tugend, bald die höchsten Begriffe eines aufgeklärten Menschen, hatten in diesem Sparta, in diesem Rom offenbar jeden überwältigt. Die Europäer schauten verwundert auf diesen Staat, als handelte es sich um ein Schauspiel aus der Antike, das auf einmal mitten in die Gegenwart einbricht. Von Recht und Moral sprach keiner mehr. Preußen war zum Inbegriff von stoischem Gleichmut, Beharrlichkeit, Opferbereitschaft und enthusiastischem Arbeitswillen geworden. Zum Inbegriff des philosophischen Volkes, diszipliniert von einem »Philosophen-Kaiser«, einem neuen Marc Aurel, der wie ein *roi citoyen,* wie ein Bürgerkönig energischen Geist in das träge Volk einpflanzte.

Mirabeau, der Revolutionär von 1789, bewunderte diesen großen König ebenso wie Preußen, das am ehesten darauf vorbereitet sei, Autorität und Freiheit zu versöhnen. Was an Preußen geschätzt wurde, waren die Tugenden und Pflichten, die Disziplin und Opferbereitschaft, die das revolutionäre Frankreich ebenfalls von seinen Bürgern erwartete. Auch Paris wollte 1789 endlich zu Sparta und Rom werden. Die Militarisierung, die die Österreicher so abscheulich fanden, störte Mirabeau überhaupt nicht, und die Französische Revolution war es, die den Bürger militarisierte, ein Volk in Waffen endgültig zum Ideal erhob.

Friedrich der Große galt nun unumstritten als der vollkommene Mensch, wie ihn sich das Jahrhundert dachte. Alle Monarchen nahmen sich ihn und seinen Staat zum Vorbild, der perfekt veranschaulichte, wie die Dreieinigkeit von geordneten Finanzen, wirtschaftlichem Wachstum und militärischer Stärke schier unüberwindbar macht. Preußen war das Modell für Württemberger, Franzosen, Russen, selbst für Österreicher. Gerade sie waren völlig erschöpft von dem langen Krieg, den sie sich gar nicht leisten konnten, und schauten verwirrt auf dieses Preußen, das schon 1765 wieder schuldenfrei dastand und über die Mittel verfügte, ein »Wirtschaftswunder« in Gang zu setzen. Friedrich und Preußen hatten, wenn auch in ganz anderem Sinne als bisher, »moralische Eroberungen« gemacht.

Mit ironischer Distanz beobachtete »der Räuber«, wie Könige und Kaiser seinem Vorbild folgten. Seine Nachahmer bedachte er meist mit Spott und Hohn, ob Kaiserin Katharina von Russland oder Kaiser Joseph II. in Wien. Er fühlte sich missverstanden. Nur weil er einmal beherzt zugegriffen hatte, sollte das doch nicht zum Brauch werden. Je älter er wurde, desto mehr achtete er seine Cousine Maria Theresia. Sie hielt sich an Grundsätze, zuweilen an falsche, aber sie war berechenbar und insgesamt vernünftig. So musste er als alter Mann zusehen, wie er Staatsegoisten in ihrem Eifer dämpfte, das zu tun, was er selbst als junger Mann gemacht hatte.

Das Schlagwort: »travailler pour le roi de Prusse« –

dass alle nur für den König von Preußen zu dessen Vorteil in Europa arbeiteten –, meinte doch auch, dass er die Waage des Gleichgewichts in seinen Händen hielt. Als Joseph II. begann, polnische Gebiete zu beschlagnahmen, weckte er damit den Appetit Katharinas der Großen. Friedrich hatte nie behauptet, appetitlos zu sein. Dennoch zauderte er anfänglich, als ihm Appetithappen von der russischen Kaiserin angeboten wurden. Er griff 1772 zu, weil es immerhin vernünftiger war, drei teilten sich ihren Einfluss in Polen, als dass einer allein es beherrschte.

Der Gewinn des Ermlandes und einiger westpreußischen Gebiete war ihm willkommen. Noch wichtiger war es ihm, immer im Spiel zu bleiben zwischen Österreich und Russland, um beide vor Torheiten zu bewahren. Er fürchtete Russland, und gerade deshalb galt ihm ein gutes Einvernehmen mit ihm als geboten. Er fürchtete auch Österreich, und Russland konnte ihm dabei behilflich sein, dessen Einfluss im Reich zu beschränken.

Joseph II. suchte in Bayern, nicht nur in Polen, Ersatz für das verlorene Schlesien. Friedrich hinderte ihn 1778 zusammen mit Russland daran. Die Franzosen waren sehr beruhigt und entdeckten, wie wohltätig Preußen als Gegengewicht zu Österreich im europäischen Interesse wirke, sprich: im französischen, das sich mit dem preußischen deckte. Der »Dualismus« in Deutschland als Gegensatz zweier Großmächte bewahrte Frankreich vor seinem Albtraum, dass Mitteleuropa ihm verschlosssen sein sollte.

Friedrich der Große war es auch, der Josephs Pläne vereitelte, Bayern gegen die österreichischen Niederlande – das heutige Belgien – einzutauschen. Ein bayerisches Belgien im Bündnis mit Österreich fand er wegen seiner niederrheinischen Besitzungen so unerquicklich wie des Kaisers französischer Schwager. Irgendwann sollte doch, wie die französischen Könige seit Ludwig XIV. hofften, zumindest der wallonische Teil Belgiens mit Frankreich »wiedervereinigt« werden. Den französischen König wollte Friedrich allerdings auch nicht zum Nachbarn haben. England und die Niederlande wünschten ohnehin keine Veränderung des für sie bekömmlichen Zustands, da ein österreichisches Belgien keinen Ehrgeiz zur See entwickelte. Friedrich gewann, ohne zu kämpfen. Belgien blieb österreichisch. Er entschied nicht das Spiel, aber ohne ihn hätte es in Europa erhebliche Schwierigkeiten gegeben. Preußen sorgte für Ruhe, rief zur Disziplin. Europa fand nicht, dass ihm das schadete.

Die Zeit nach 1763 bis zu seinem Tod 1786 widmete er nun ganz der Aufgabe, Provinzen zu »erobern«, indem er sie wirtschaftlich erschloss. Das »Retablissement«, der Wiederaufbau, bildet den Abschluss der »Kolonialbewegung«, die im Mittelalter begann. Es war noch einmal ein großes Programm, Land im Oderbruch oder im Netze-Warthe-Raum zu erschließen, Territorien, die erst jetzt wirtschaftlich nutzbar gemacht wurden. Noch einmal strömten in das Land, das von 5 Millionen Einwohnern 400 000 im Krieg verloren hatte, Massen von Einwanderern, rund 300 000. Sie glichen die Verluste aus. Im Übrigen trugen anhaltend steigende Geburtenraten dazu bei, dass über Menschenmangel seither nicht mehr geklagt werden musste.

Gleich nach dem Siebenjährigen Krieg verkündete Friedrich seine Absicht, die Leibeigenschaft aufzuheben. Es blieb bei der Absicht. Denn dem durch den Krieg verschuldeten Adel ließ sich damals eine so radikale Reform nicht zumuten. Aber der König sorgte doch dafür, dass auf dem neu gewonnenen Land freie Bauern angesiedelt wurden, und lockerte zumindest auf den Staatsdomänen die bäuerlichen Abhängigkeiten. Bei ausgeglichenem Staatshaushalt konnte er in großem Stil regionale Förderprogramme mit öffentlichen Mitteln anregen. Unter Friedrich dem Großen wurde, den zeitgenössischen Möglichkeiten entsprechend, Preußen insgesamt »industrialisiert«. 1786 glaubten die Preußen, nach Großbritannien, den Niederlanden und Frankreich die vierte Wirtschaftsmacht in Europa zu sein.

Der König kümmerte sich um alles selber, bereiste seine Provinzen, hörte sich Klagen an, gab Empfehlungen oder erteilte Befehle. Das Militär vernachlässigte er, so klagten zumindest die Offiziere. Auf jeden Fall wurden die Rekrutierungen großzügiger vorgenommen. Die preußische Armee bestand jetzt vorzugsweise aus »Ausländern«, aus angeworbenen Soldaten. Sie war nie eine reine »Volksarmee« gewesen. Friedrich der Große hatte im Siebenjährigen Krieg die Erfahrung gemacht, dass ein gutes Offizierscorps auch Söldner zu einem funktionierenden Präzisionsinstrument formen konnte. Darauf verließ er sich.

Langeweile kannte dieser König nicht. Langweilig erschienen ihm höchstens seine Preußen. Es gab nur wenige unter ihnen, mit denen er sich außerhalb dienstlicher Belange unterhalten mochte. Seine Freunde blieben die Fremden, selbst wenn sie, wie der Schotte George Keith, in preußische Dienste traten. Doch die meisten, wie Voltaire, d'Argens oder Algarotti, lebten fern von Potsdam. Statt mit ihnen in Sanssouci zu tafeln, musste er sich mit imaginären Gesprächen in Form von Briefen begnügen. Sie trugen freilich wie Fama mit ihrer Trompete seinen Ruhm, auf den er als »Öffentlichkeitsarbeiter« genau achtete, durch Europa.

Wie er ja überhaupt der erste Journalist unter den Königen war und sehr gezielt seine Pointen in Umlauf brachte. Seine journalistische Brillanz verführte ihn allerdings oft dazu, dem Laster der Journalisten nachzugeben, der Eitelkeit. Die geistreichen Literaten schätzten es, von gleich zu gleich mit einem Fürsten verkehren zu dürfen, der sich auch gern als einer der Ihren empfinden wollte. Tatsächlich war es ungewöhnlich, dass ein Monarch mit Schriftstellern zwanglos an einem Tisch speiste und sich in ihrem Kreis erholte und auf gefällige Weise informierte. Aber es empfahl sich nicht, den König in ihm je zu vergessen. Als Aristokraten fielen ihm sämtliche bürgerliche Schwächen Voltaires sehr genau auf, was jedoch seine Freude an dessen »esprit« nicht minderte. Immerhin bestätigt diese Haltung eine erhebliche Vorurteilslosigkeit.

Man darf sich den arbeitsamen König nicht als preußischen Aktenmenschen vorstellen. Er komponierte, spielte seine Flöte, las viel, ließ sich von anderen berichten, was sie lasen, und las vor allem das, was er geschrieben hatte, wieder und wieder, um es zu verbessern. Sein literarisches Gesamtwerk füllt vierzig Bände: Gedichte, Oden, Essays und historische Werke. Seine musikalische wie sprachliche Ausdrucksfähigkeit entspricht oft nur einer virtuosen »Geläufigkeit«. Aber zuweilen gelangen dem großen König Stücke, die eben auch in ihrem Genre als ungewöhnlich auffallen. In seinen historischen Werken gibt es Passagen, die ihren würdigen Platz in der Historiographie behaupten.

Ohne dass es ihm auffiel, entfaltete sich in Berlin ein literarisch-ästhetisches Leben. Seine Hauptstadt, die er kaum besuchte, war zur Großstadt mit über 100 000 Einwohnern angewachsen. Er kümmerte sich um ein würdiges äußeres Erscheinungsbild Berlins – das Forum

Fridericianum vermittelt noch heute davon einen Eindruck –, aber das innere Leben dort blieb ihm herzlich gleichgültig. Wahrscheinlich zum dauernden Glück Berlins. Denn so gab es einen »geistigen Raum«, in dem sich jeder, unbehelligt von königlichen Einwürfen, je nach seinem Temperament tummeln konnte. Die Oper, 1742 eröffnet, und die Akademie, beides königliche Einrichtungen, haben ihn nie sonderlich beschäftigt.

Die Kunstwerke, die er zusammentrug, von echten und zweifelhaften Antiken bis hin zu Watteau, wurden in Potsdam ausgestellt. Es war Dresden und nicht Potsdam, wohin die kunstbeflissenen Berliner pilgerten, denen Winckelmann die Augen für das Schöne geöffnet hatte. Dieser preußische Schöngeist feierte von Rom aus seinen König als »göttlichen Menschen«. Aber nicht einmal dessen Ruhm, der doch auch Preußens Ruhm mehrte, nahm der König zur Kenntnis. Lessing und Moses Mendelssohn, der erste »preußische Jude«, bereiteten im Sinne Winckelmanns einen spezifisch preußischen Klassizismus vor, der zumindest in dieser Ausprägung nichts mit der französisch-aristokratischen Klassik zu tun hat. Beide bewunderten den König. Anregung empfingen sie von ihm nicht.

Das literarische Berlin überholte schon damals sämtliche regionalen »Musensitze«, die im Fürsten und dem Hof ihren Mittelpunkt hatten. In Berlin organisierte sich eine schöngeistig-wissenschaftliche Öffentlichkeit nach eigenen Spielregeln. Das war etwas Neues für Deutschland. Den Vorsprung Berlins holte keine deutsche Stadt später mehr auf. Zum ersten Mal kamen im Übrigen gleichsam ästhetische Anweisungen aus der »Kolonie«, Berlin, an das »Mutterland« an Rhein und Donau. Lessing, der achtzehn Jahre in Berlin verbrachte, bereitete der »Berliner Kritik« den Boden. Diese brauchte ihre

Organe, Zeitungen und Zeitschriften. Berlin wurde unter Friedrich dem Großen zur Zeitungsstadt. Die *Vossische* und die *Spenersche* fanden in ganz Deutschland wegen der Theaterkritik Beachtung. Ganz unauffällig war Berlin unter seinem »französischen« König zu einer deutschen Theaterstadt geworden.

Der kritische Musicus an der Spree versuchte, das Urteilsvermögen der musikalisch Gebildeten zu schulen. Die *Allgemeine Deutsche Bibliothek* von Christoph Friedrich Nicolai schlug mit der Rute der Vernunft oft daneben, aber sie wirkte dennoch, wie beabsichtigt, auf alle Deutschen erzieherisch. Der König hatte sich seine Preußen erzogen. Nun erzogen sie die Übrigen, die noch im Dunkel weilten. Dass die Berliner Vernunft manchem wärmenden Licht den Kältetod bereiten kann, wurde schon damals mit Verdruss bemerkt. Vor allem Süddeutsche empfanden das als ungemütlich. Doch es war nicht nur Berlin, das die Aufmerksamkeit auf sich zog.

In Halle bedurfte die pietistische Innerlichkeit der Gefühlsbeobachtung der Zügel möglichst reiner Vernunft. Die wurden in der Tradition des Hallenser Modephilosophen Christian Wolff brauchbar für jedermann hergestellt. Das ganze empfindsam werdende Europa sog die dort fabrizierte staubtrockene Vernünftigkeit wie eine beruhigende Droge ein. Doch der aufregendste Ort, Königsberg, blieb lange unbemerkt. Dort wirkten Kant und Hamann auf kleine Freundeskreise oder Studenten. Herder gehörte dazu. Von diesen drei Ostpreußen ließen sich Goethe und bald das gesamte intellektuelle Deutschland überrumpeln. Ja, Kant wurde als der preußische Philosoph von Pflicht und Tugend zu einem europäischen Ereignis.

Die Deutschen rieben sich verwundert die Augen. Aus Preußen kamen nicht nur Teltower Rübchen, sondern auch Gedanken. Goethe, in seiner Jugend »fritzisch« gesonnen, datierte mit Friedrichs »Heldenleben« den Aufbruch zu einer neuen deutschen Literatur. »Der erste wahre und höhere eigentliche Lebensgehalt kam durch Friedrich den Großen und die Taten des siebenjährigen Krieges in die deutsche Poesie.« Der Sieg bei Rossbach über die Franzosen 1757 reizte förmlich dazu, die Franzosen nun auch auf geistig-poetischem Feld zu besiegen. Ohne es zu ahnen, ebnete Friedrich der deutschen Literatur den Weg und weckte in Preußen Geister, die auf Umwegen über Goethe und Schiller die neuen literarischen Bewegungen an klassizistische Disziplin gewöhnen sollten.

Trügerische Ruhe im fieberhaften Frieden

»Die Fürsten dieses Staates müssen ganz Nerv sein, oder sie sind verloren«, meinte Friedrich der Große, der seinem Neffen und Nachfolger Friedrich Wilhelm II. wenig zutraute. Wie alle Ausnahmeerscheinungen fürchtete er, dass ungefähr dreißig Jahre nach seinem Tod sein Werk zusammenbrechen werde. Das war allerdings nur ein feuilletonistischer Einfall des gereizten Alten. Der aufmerksame Beobachter seiner Zeit beurteilte Frankreich als eine absteigende Macht. Symptome für eine Revolution bemerkte er nicht. Die Französische Revolution von 1789 und deren Nachwirkungen erschütterten die Grundlagen Europas und nicht nur Preußens. Auch ein König, der »toujours en vedette«, immer auf dem Posten war, wäre deshalb in größte Schwierigkeiten geraten. Es lag nicht allein am Naturell Friedrich Wilhelms II., wenn er sich von einer Improvisation zur nächsten rettete. Die Notwendigkeit, auf die sein Onkel sich so oft berief, konnte ihm keinen besseren Rat erteilen.

Friedrich Wilhelm II. war eine stattliche, für den Zeitgeschmack schöne Erscheinung, ein Mann der »großen Welt« im ästhetischen Sinn. Er besaß elegante Manieren, Geschmack und die erforderlichen Kenntnisse, um sich gesellschaftlich angenehm zu machen. Er liebte die Musik. Er war empfindsam, wie die Mode es forderte, und suchte Bewusstseinserweiterung durch Magie und andere geheimnisvolle Künste zu erlangen. Am meisten liebte er aber die Frauen. Nach der geschiedenen ersten Ehe noch zwei Mal verheiratet, ließ er sich zwei weitere Gemahlinnen »zur linken Hand« als Nebenfrauen antrauen. Seine offiziellen Verbindungen beeinträchtigten in keiner Weise sein dauerndes Verhältnis zur Gräfin Lichtenau, seiner Mätresse. Diese Musikantentochter, als Wilhelmine Enke geboren, erzog er zu einer vollendeten Dame. Sie war lebensklug genug, sich nicht in die Politik zu mischen. Immerhin war es für Preußen etwas Neues, dass Frauen am Hofe eine Rolle spielten. Auch in dieser Hinsicht hatte Berlin nun die Höhe der Zeit, einer galanten Zeit, die an ihr Ende kam, erreicht. Es wurde zu einem Hof wie jeder andere.

Die Berliner genossen es nach sechzig Jahren strenger Zucht auch einmal, fünf gerade sein lassen zu dürfen. Berlin erwarb sich den Ruf, eine sehr vergnügliche Stadt zu sein, die Aufklärung auch über andere Wichtigkeiten als die von der Wirksamkeit Gottes oder des Staates versprach. Wie immer, wenn verspielte Seelenfreundschaften vornehme Gemüter beschäftigen, mangelte es nicht am süßen Parfüm einer sehr mondänen Gottseligkeit. Der König hüllte sich in diesen lieblichen Duft, und alle machten ihm das nach.

Man schwärmte für das Schöne, das Liebe und die wundersamen Ekstasen, die den Geist erheben, sobald die Seelen sich nicht nur geschwisterlich vermählen. Überall wurde musiziert, poetisiert, philosophiert, gefühlt, geweint, getanzt und ununterbrochen geredet. In den literarischen Salons dachten die zärtlichen Porzellanfiguren mit dem Herzen und fühlten mit dem Verstand. Dort regierten die belesenen Frauen als Sachwalter des guten Geschmacks, der guten Manieren und geistiger Anmut: Henriette Herz, Rahel Levin und Dorothea Veith, alle drei jüdischer Herkunft. Das war nicht sonderlich überraschend. Denn jüdische Emanzipation in Berlin bedeutete seit Moses Mendelssohn bewusste Aneignung der Kultur, in der sie leben wollten. Die Emanzipation konnte in Berlin am raschesten Fortschritte machen, weil die Berliner insgesamt sich in einer ähnlichen Situation befanden, bemüht, sich in eine deutsch-europäische Kultur einzugemeinden und sich von ihrer »kolonialen« Abgeschlossenheit zu befreien.

Aus der Gesellschaft kam der Wunsch nach der »bürgerlichen Verbesserung der Juden«, wie eine Schrift von Christian Wilhelm Dohm 1781 lautete. Die bürgerliche Verbesserung war auch eine juristisch-politische, die sogar unmittelbar mit der bürgerlichen Verbesserung des Bürgers überhaupt zusammenhing. Aber sie war zugleich eine Bildungsfrage, eine »bildungsbürgerliche«, weil sich die Überzeugung durchgesetzt hatte, dass Bildung befreit. Einem gebildeten Juden kann als gebildetem Menschen gleichberechtigter Umgang nicht verwehrt werden. Jüdinnen, die gefallen wollten, verstanden alsbald, welche gesellschaftlichen Möglichkeiten ästhetisch-wissenschaftliche Bildung eröffneten. Rahel Levin-Varnhagen, die keine Schönheit war, vermochte durch ihren aparten Geist die Herzen und die Gemüter zu bezwingen. Bildung egalisierte im Übrigen. Wer sie besaß, gehörte dazu, ob Christ, Jude oder ein königlicher Prinz wie Louis Ferdinand, der Inbegriff dieser neuen Kultur, oder die Kronprinzessin Luise, die als Königin später zur *mater dolorosa* Preußens verklärt wurde.

Berlin und Preußen hat diese Zeit der sogenannten Erschlaffung nicht geschadet. Der Offizier, der Beamte, »die Staatsstände« lernten im geselligen Umgang Urbanität, legten sich ein anmutiges Gewand an, ohne preußischen Ernst ganz zu vergessen. Wie in Paris oder London entstand eine »gemischte Gesellschaft«, in der sich die Unterschiede am passenden Ort ausglichen: im Salon, in der Singakademie, in den literarischen Clubs. Darin unterschied sich Berlin von Wien, München oder Dresden. Bildung wurde zur sozialen Macht und schob die Barrieren der Geburt beiseite.

Das Allgemeine Landrecht für die preußischen Staaten, das 1794 endlich, nach jahrzehntelangen Vorarbeiten, erlassen wurde, musste, obschon es an den Ständen festhielt, dieser gesellschaftlichen Gegebenheit Rechnung tragen. Bildung überwindet die säuberliche Trennung der Klassen. Dieses erste große Gesetzbuch der Moderne, das Strafrecht, Privatrecht und öffentliches Recht zusammenfasst, war auch eine Frucht der neuen Bildung. Friedrich der Große wünschte es sich klar, kurz und prägnant, für jeden Laien verständlich. Er misstraute der deutschen Sprache und vor allem dem juristischen Kauderwelsch, das Deutschen so lieb ist. Das Allgemeine Landrecht wurde ein sprachliches Meisterwerk, das erste klassische Buch in preußisch-deutscher Prosa. Es resümiert die bisherige Entwicklung Preußens zum »Vernunftstaat«.

Alle sind gleich vor dem Gesetz, aber untereinander ungleich, weil Bildung und Besitz, die liberalen, befreienden Postulate, eben Unterschiede schaffen. Trotz mannigfacher ständischer Sonderrechte ist jeder dem Gesetz unterworfen und darf erwarten, dass neutrale Rechtswahrung jeden in seinen Rechten schützt. Auch ein Müller, wie Friedrich der Große es polemisch-pädagogisch veranschaulichte, muss gegen seinen Herrn und König einen Prozess gewinnen können, wenn er im Recht ist. Die für Juristen ärgerliche Pointe in der populären Geschichte bestand allerdings darin, dass der Müller im Unrecht war und mit ihm anschließend der König, der um des Effekts willen das Recht zugunsten des Müllers beugte.

Friedrich der Große hatte mehrmals bekundet, der Diener seines Staates zu sein. Das war eine literarische Redefigur, die Philipp II. von Spanien ebenso leicht von den Lippen ging wie dem römischen Kaiser Tiberius. Das Allgemeine Landrecht zog daraus rechtliche Konsequenzen. Der König wird zum Dienst verpflichtet. Er ist nur noch Oberhaupt im Staat, Organ eines auch ihn überwölbenden Zusammenhangs, eben Staatsorgan. Die monarchische Souveränität verschwindet in der staatlichen. Das Individuum muss Staatsbürger werden, sich übergeordneten Zusammenhängen einordnen. Das gilt für den König wie für jeden anderen. Endzweck des Rechtsstaates ist die allgemeine Ruhe und Sicherheit. Sie schwingt wie ein Gedicht selig in sich selbst, wenn jeder darauf achtet, mit seinen individuellen Rechten nicht die der anderen zu stören. Der König dient als Sachwalter des allgemeinen Wohls, um die konkurrierenden gesellschaftlichen Kräfte in Schranken zu halten. Zusammen mit den »Staatsständen«, Beamten und Militär, zusammen mit seiner Regierung wacht der König über einer egoistischen Gesellschaft, damit deren freies Eigenleben nicht das »allgemeine Wohl«, den Staatszweck, außer Kraft setzt.

Das war das letzte Wort des »aufgeklärten Absolutismus«, während Frankreich gerade zum »demokratischen Absolutismus« überging. Das Allgemeine Landrecht schlägt eine Brücke hinüber zum Liberalismus, aber nicht zur Demokratie und deren Eigenermächtigungen im Namen des Volkes. Es ist der Staat, nicht das Volk als Nation, der zum Rechtshüter bestimmt, Befehle erteilt oder Gehorsam erzwingt. Das Bündnis zwischen Preußen und Liberalen im Interesse sachlicher Staatlichkeit manifestiert sich schon im Landrecht. Darum muss es nicht verwundern, wenn einige um 1800 vermuteten, dass die überwältigende Mehrheit der preußischen Beamten Revolutionäre seien. Sie zogen nur die Konsequenz aus einer langen Entwicklung, die den Übergang von königlicher Herrschaft zum königlichen Staat beschreibt. Er ist der vernünftige Rechtsstaat, der die Freiheit aller garantiert und im König den Wächter der Verfassung anerkennt. Mehr verlangte auch der Revolutionär Mirabeau nicht, der sich mit preußischen Beamten darin einig war, dass über höchste Güter wie das Recht nicht Juristen wachen sollten, sondern eine politische Autorität, die neutrale Krone.

Preußische Beamte hatten keine besonderen Schwierigkeiten mit den revolutionären Zielen, soweit sie praktikabel waren. Damit waren sie vertraut. In gewisser Hinsicht konnten sie mühelos von einer »heilsamen Revolution« sprechen, nicht ohne die Überheblichkeit der besonnenen Bürokraten, weil sie von oben, langsam, aber überlegt, das vollzögen, was Franzosen unter dem Druck des bewusstlosen Volkes oder Pöbels gezwungenermaßen tun müssten. Ihre Gedanken fasste Carl Gottlieb Suarez, einer der Schöpfer des Landrechts, im Unterricht des Kronprinzen, des späteren Friedrich Wilhelm III., so zusammen: »Daß der weise Regent seine Untertanen nicht als Maschinen, sondern als freie Bürger beherrschen und dafür sorgen müsse, daß jeder unter ihnen seine Kräfte und Fähigkeiten nach eigener Einsicht und Neigung zur Beförderung seiner Glückseligkeit frei gebrauchen könne.« Die »Ideen von 1789« verstanden Preußen durchaus als genuin preußische.

Diese Einstellung verhalf preußischen Beamten zu einer erstaunlich vorurteilslosen Beurteilung der Revolution. Deren Ideen fürchteten sie nicht. Die demokratische Schreckensherrschaft versetzte sie nicht in Aufregung. Sie wussten aus der historisch-politischen Literatur, dass Demokratien selten vernünftig handeln, weil die künstlich von Parteien und Zeitungen aufgeregten Leidenschaften jede ruhige Besinnung unterbinden. Sie wussten, dass solche Wirren vorübergehen. Was sie allerdings fürchteten, das war der Machtwille des revolutionären Frankreich. Für die Glückseligkeit des Menschengeschlechts, von der die französischen Revolutionäre sprachen, fühlten sie sich nicht verantwortlich. Sie waren für Preußens Glückseligkeit zuständig und höchst misstrauisch, wenn kontinentale Hegemonieansprüche im Namen der Menschheit vorgetragen wurden.

Derartiges Blendwerk kannte man schon von Maria Theresia. Aber auf einen Machtkampf war dieser angebliche Machtstaat gar nicht vorbereitet. Alle Machtfragen lassen sich durch Diskussion, durch Verhandlungen lösen. Das hatte ja der alte große König jahrelang bewiesen. Das Brandenburger Tor symbolisiert die militärische Lustlosigkeit dieses Militärstaats. 1788 demonstrierten preußische Truppen kurz in Holland und brachten mühelos Feinde des Hauses Oranien wieder zur Vernunft, die der Ruhe Europas im Wege standen. Das Tor erinnert, 1791 vollendet, an einen Wochenendkrieg und Preußens Frieden stiftende Funktion. Mussten auch Kanonen noch nachhelfen in dürftiger Zeit: Die Vernunft wird endlich siegen. Sie ist die Göttin, die ihr Viergespann, das seit 1794 dieses festliche Monument des Glaubens an ihre Kraft schmückt, zum Triumph führt.

Friedrich Wilhelm II. suchte keine Konflikte. Er vertraute darauf, dass Interessengegensätze mit Kompromissen beigelegt werden können. Durch die Revolution und die unübersichtlichen Verhältnisse in Frankreich

Kgr.
DÄNEMARK
Kgr.
SCHWED
Kopenhagen
Nordsee
Helgoland
Kiel
Lübeck
Fsm.
Ostfriesland
Hamburg
Vor-
pommern
Bremen
Prignitz
Ste
Ucker
mark
Altmark
Kurmark
Lingen
Bm. Minden
Hannover
Potsdam
Berlin
Tecklenburg
Erzhm.
Magdeburg
Ravensberg
Bm.
Halberstadt
Hzm.
Kleve
Münster
Gft. Mark
Hohnstein
Kassel
Kfsm. Sachsen
Köln
Erfurt
Dresden
Fsm.
Bayreuth
1791
Mainz
Prag
Würzburg
Fsm.
Ansbach
1791
Nürnberg
Gft.
Limburg
Kgr.
FRANKREICH
Passau
München
Salzburg
SCHWEIZ
Innsbruck
Fsm.
Neuenburg

Ostsee
rnholm
Memel
1795
Kowno
Tilsit
Königsberg
1793
Hinter-
pommern
Danzig
Ostpreußen
Erm-
land
Grodno
Kolberg
West-
preußen
1772
Łomza
Neu-Ostpreußen
1795
Netzedistrikt
Thorn
Plock
Gnesen
Posen
1793
Warschau
Südpreußen
Neu-
Galizien
1795
Kalisch
Lublin
Radom
Breslau
Kielce
Schlesien
Neu-
Schlesien
Galizien
1772
Krakau
Przemysl
Kgr. Böhmen
Neumarkt
Mgft. Mähren
Zipser
Städte
Wien
Die Teilungen Polens
zu Preußen 1772 1793 1795
zu Österreich 1772 1795
zu Russland 1795
Preußische Erwerbungen 1791
Habsburgisches Reich
Tatragebiet u. d. Zipser Städte 1769/70 zu Österreich
Grenze Preußens

seit 1789 fiel im Mächtesystem ein wichtiger Mitspieler aus. Österreich hatte dadurch zwar seinen Verbündeten verloren. Aber das hieß nicht, dass Preußen einen Alliierten hinzu gewann, um auf Österreich und Russland Druck ausüben zu können, sobald sie sich auf Kosten Preußens verständigten. Da Frankreich ausfiel, mussten die drei Mächte des Nordens sich nun in allen umstrittenen Fragen friedlich arrangieren. Ohne Frankreich ins Spiel bringen zu können, sahen sie sich zu vertraglichen Absprachen genötigt. Sie vermieden einen Krieg untereinander, freilich zu Lasten Polens und des Osmanischen Reiches.

Dort verfolgte jeder seine ureigensten Interessen, die sich widersprachen. Den Raum vom Schwarzen Meer bis zur Ostsee, von Krakau über den Balkan bis zum Mittelmeer, betrachteten die drei Monarchen als Verfügungsmasse, über die sie nach ihren Vorstellungen bestimmten. Friedrich Wilhelms Ziele waren anfänglich bescheiden: Danzig und einige Gebiete, um die Verbindungslinie nach Schlesien zu verbessern. Im raschen Wechsel der Intrigen, bei dem jeder fürchtete, vom anderen betrogen zu werden, wurde das wehrlose Polen zwischen 1792 und 1795 endgültig aufgeteilt. Im März 1794 rebellierten die Polen und brachten die Preußen bei Bromberg sehr in Verlegenheit, doch ihr unerwarteter Widerstand besiegelte nur ihren Untergang. Ohne besondere miltärische Anstrengungen gewann Preußen fast ein weiteres Königreich hinzu, mit Grenzen, die von Warschau über Litauen bis ans Meer reichten.

Die polnischen Teilungen werden seit dem neunzehnten Jahrhundert als ein weiteres politisches Verbrechen der Moderne beurteilt. Doch mit solch heftigen Bewertungen wird man der damaligen Mentalität nicht gerecht. Die Kaiser in Wien, nach dem Tod Josephs II.

1790 zunächst Leopold II. und dann dessen Nachfolger Franz II., Katharina die Große und Friedrich Wilhelm handelten ungemein zynisch, indem sie eine alte europäische Macht von der Landkarte entfernten. Aber dieser Zynismus gehörte zur Vernunft, in deren Namen sie sich einigten. Keiner wollte es dem anderen gönnen, in Polen einen ausschlaggebenden Einfluss auszuüben. So erschien es vernünftig, sich gütlich zu einigen, zumal das polnische Staatswesen als Adelsrepublik auf die Vernünftigen ziemlich »unvernünftig« wirkte. Die Vernunft des achtzehnten Jahrhunderts verfügte über wenig Geduld. Sie war ja angetreten, um alles Unvernünftige zu beseitigen und, planmäßig kalkuliert, Neues zu konstruieren.

Völker oder historische Überlieferungen spielten dabei keine Rolle. Aus der Vergangenheit kam ja das Irrationale, dessen irritierende Gegenwart die regulierende, geometrische Vernunft heilte. Ihr Teilungswerk kam den Monarchen sehr heilsam, weil vernünftig, vor. Außerdem vollzog es sich nicht isoliert vom übrigen Geschehen. Geschichte ist Geographie in Bewegung, bemerkte Herder unter dem Eindruck seiner Zeit. In Europa insgesamt wurden in den nächsten Jahren in atemraubendem Wandel Grenzen aufgehoben, verschoben, Raumkomplexe geschaffen und wieder aufgelöst. Die Vernunft zeigte selten ein kälteres Gesicht als bis 1815. Ihrer Konstruktionslust fielen das Reich zum Opfer, Italien, Österreich, Finnland und eben auch Polen und Teile des Osmanischen Reiches.

Das Reich wurde als »mittelalterlicher Schutt« beiseite geschafft. Preußen hatte kurzfristig mit Österreich zusammen ab 1793 gegen Frankreich Krieg geführt. Nicht um das Reich zu verteidigen oder die Revolution zu vernichten. Es hoffte vielmehr, durch einen raschen Sieg Frankreich wieder in den Stand zu versetzen, seine

Funktion als Großmacht im europäischen Konzert erneut auszufüllen. Wider Erwarten wehrte sich Frankreich erfolgreich, und die Republik zeigte, dass auch sie großmächtig aufzutreten verstand. Preußen zog sich 1795 in die Neutralität zurück und hoffte damit seinen Beitrag zu einer Lösung der europäischen Spannungen zu leisten.

»Ein Judas des Reiches«, wie die Österreicher Friedrich Wilhelm II. schalten, war er gewiss nicht. Der Untergang dieses »Phantoms«, wie der spätere preußische Staatskanzler Hardenberg das Reich nannte, war unaufhaltsam. Mit preußischer Hilfe ließ er sich höchstens verzögern. Die Preußen waren so vernünftig, sich lieber gleich mit dem zu beschäftigen, was bald alle deutschen Fürsten und Napoleon umtrieb: der möglichst vernunftgemäßen Zerstückelung Deutschlands in mitteleuropäische Einflusszonen, die sich gegenseitig in Schach hielten.

»Zwar brannte die Welt in allen Ecken und Enden, Europa hatte eine andere Gestalt genommen, zu Lande und See gingen Städte und Flotten zu Trümmern, aber das mittlere, das nördliche Deutschland genoß noch eines gewissen fieberhaften Friedens, in welchem wir uns einer problematischen Sicherheit hingaben«, deutete Goethe rückblickend die Jahre zwischen 1795 und 1806. Diese trügerische Ruhe ermöglichte Preußen. Friedrich Wilhelm III., seit 1797 König, hielt an der Neutralität fest. Als er 1806 in den Krieg eintreten musste, tat er es aus bitterer Notwendigkeit und ohne Enthusiasmus: »Mehr als ein König ist untergegangen, weil er den Krieg liebte; ich, ich werde untergehen, weil ich den Frieden liebte.«

Den Frieden zu lieben gebot ihm die Vernunft. Das Frankreich Napoleons stieg rasch zur größten Macht in

Europa empor. Napoleon mochte er nicht zum Feind haben. Die Verluste Österreichs zeigten, dass Ruhe bewahren zwar wenig Ruhm bringt, aber vor unnötiger Verschwendung der Kräfte schützt. Außerdem war er sich Russlands nie sicher. Als Verbündeter kam es Preußen in der Regel zu spät zu Hilfe, weil es dauerte, bis russische Truppen aus ihren fernen Räumen zum Kriegsschauplatz eilten. Diese Tatsache verbot unüberlegtes Handeln. Schlossen sich die Russen mit den Franzosen zusammen, geriet Preußen zwischen zwei Fronten. Da schien es empfehlenswerter zu sein, sich gleich mit den Franzosen zu verbünden. Österreich war schwach und Russland unberechenbar. So wartete er ab und hoffte dennoch, ganz friedlich Gewinne einzuheimsen bei der großen Lotterie des Länderschachers in Europa. Napoleon lockte mit Hannover, mit einem Norddeutschen Bund und einem Kaisertum gegen das neue Kaisertum Österreich, das 1804, kurz vor dem Ende des Reiches 1806, gegründet wurde.

Die Ruhe nutzte Friedrich Wilhelm III. allerdings nicht dazu, innere Reformen durchzuführen, über die ausführlich gesprochen wurde. Friedrich Gentz schrieb damals: »Ehe man sein Haus neu dekoriert, muß man sich erst die Gewißheit verschaffen, daß man es behalten kann.« Die Gewissheit besaß der König nicht. Mit seiner Unentschlossenheit enttäuschte er die Reformer ebenso wie jene Hitzköpfe, die zum Krieg drängten. Die Interessengruppen kämpften um den König. Wer auf die »Revolution von oben« hoffte, wünschte einen starken, entschlossenen Monarchen, der wie auf Knopfdruck alles in Bewegung setzt. Napoleon imponierte ihnen.

Als Voraussetzung für eine kraftvolle Politik erachteten sie eine verbesserte, effektivere Regierungsverfassung. Hohe Bürokratie und verantwortliche Ressortminister müssten im Namen der Vernunft den Monarchen, der nicht alles allein überschauen kann, unterstützen. Sie vermittelten zwischen Volk und Krone und schüfen dem Staat ein sicheres Fundament. Ein Parlament könne sich nur eine Insel leisten. Ein von potentiellen Feinden umgebener Staat brauche eine Regierung, die rasch zu handeln vermag und ihre Entschlüsse über die Verwaltung umgehend verwirklicht sieht.

In der Verwaltung saßen die Gebildeten, sie stellten die Minister. Die Gebildeten repräsentieren die Vernunft und als Vernünftige das Volk, das über eine gute Regierungsverfassung sich in guter Verfassung erhält. Ihre Stunde schlug, nachdem Preußen 1806/07 seine Neutralität aufgegeben hatte und von Napoleon besiegt worden war. Preußens Armee wurde nach der Niederlage bei Jena und Auerstedt 1806 einfach hinweggefegt. Hieß es oft, Preußen sei eine Armee, die einen Staat besitzt, so erwies sich nach dem Frieden von Tilsit, dass Preußen ein Staat war, dessen Soldaten kapitulierten, ohne dass deshalb die staatsbildenden Kräfte den Mut verloren. Der »Militärstaat« überstand eine Katastrophe, eben weil er kein Militärstaat war, sondern ein Verwaltungsstaat. Die Bürokraten, die Gebildeten, organisierten die »innere Sammlung« aller Energien und belebten mit ihrem Geist den niedergeschlagenen des Militärs.

»Der beste Staat ist der am besten verwaltete«

Die preußischen Reformen waren eine »Bildungsreform« in großem Stil, eine Reform an Haupt und Gliedern. Ihnen lag eine Unzufriedenheit mit der groben Mechanik des kunstreichen Uhrwerks zugrunde, als das sich der aufgeklärte Staat verstand. Zusammengestückelt aus unendlich vielen, aber leblosen Teilen, entstand ein nur mechanisches Leben, in dem der Einzelne sich selbst entfremdet ist, wie Schiller es eindringlich beschrieb. Ewig nur an ein einzelnes Bruchstück des Ganzen gefesselt, verkümmere der Mensch zum Bruchstück, nur das Geräusch des Rades, das er umtreibt, im Ohr. Ein neuer Geist sollte Staat und Mensch erfüllen und in lebhafte Beziehung zueinander bringen, damit das höchste Ziel des Menschen, Freiheit, sich im Staat verwirklichen lasse. Pflichte und Rechte ergäben sich aus diesem humanisierenden Zweck. »Immer strebe zum Ganzen, und kannst du selber kein Ganzes werden,/als dienendes Glied schließ an ein Ganzes dich an«, wie Schiller und Goethe gemeinsam empfahlen.

Das hieß, dass der Staat sich als eine lebendige Ordnung zu erkennen gab und jedem je nach seinen Möglichkeiten Teilhabe an dem gewährte, »was alle angeht«. Idealistische Philosophie der Freiheit und des freien Menschen verband sich mit Forderungen der Revolution. In diesem Sinne sprach Carl August von Hardenberg von einer Versöhnung demokratischer Grundsätze mit dem monarchischen Staat. Dieser muss den Rahmen schaffen für eine sittlich-freie Existenz und wird darüber selber zu einer versittlichenden Macht. Denn er befreit und hilft mit seinen Einrichtungen jedem dazu, aus seiner Unmündigkeit herauszufinden und in gesetzestreuer Selbsttätigkeit Sonne seines Sittentages zu werden. »Frei ist der Mensch, wenn er nicht mehr einer Person, sondern dem Gesetz gehorchen muß.« So sagte es Kant.

Der Neubau des Staates sollte von unten beginnen und bis nach oben reichen. Aber das Uhrwerk des Staates muss gebessert werden, während es schlägt, und hier gilt es, das rollende Rad während seines Umschwungs auszutauschen, wie Schiller zu bedenken gab. Man bedurfte einer Stütze, um revolutionäre Unordnung zu vermeiden. Die Stütze war die reformierte Regierung. Zuerst wurde 1807 die Regierung des Königs durch Minister und mit Ministern eingeführt, getrennt nach Ressorts. Seit 1810 stand ihr ein Kanzler vor, der im Namen der Minister mit dem König verhandelte. Der beste Staat ist der am besten verwaltete, wusste man mit dem Briten Alexander Pope.

So sollte von einer Kreisverwaltung, die das »flache« Land erfasste, über städtische Selbstverwaltung bis hinauf zu den Regierungsbezirken ein System sich ergänzender Selbständigkeiten geschaffen werden, das im König mit seinen Ministern seinen Abschluss findet. Über eine »Nationalversammlung«, ein Parlament, war nichts entschieden. Eine Vorform war ein Staatsrat verdienter Staatsmänner und Beamter, eine andere die interimistische Versammlung von Ständevertretern. Beides erwies sich als unpraktisch.

Die Regierung, die aus Menschen Bürger machen wollte, begann bei den Bauern, denen sie das Menschenrecht auf freie Selbstbestimmung überhaupt erst verleihen musste, damit sie sich zu Bürgern entwickeln konnten. Mit dem »Oktoberedikt« 1807 wurde die Erbuntertänigkeit der Bauern aufgehoben. Ihr Land erhielten sie als Eigentum, das sie also auch veräußern konnten. Der Bauer war nicht mehr an die Scholle gebunden. Er konnte sich von ihr lösen, sie verkaufen, frei seinen Beruf und Wohnort wählen und wechseln. Mit der Freiheit des Güterverkehrs begann seine »Individualisierung«, in die auch der Adel entlassen wurde. Denn ihm war es jetzt ausdrücklich erlaubt, statt Landwirtschaft auch Gewerbe zu betreiben. Ob sie anständig und ehrenvoll waren, das oblag seinem Urteil.

Am 19. November 1808 wurde die Städteverordnung erlassen. Mit ihr gewährte der Staat den Stadtbürgern die Selbstverwaltung und Selbstverantwortung ihrer inneren Angelegenheiten. Die Gewerbefreiheit 1810 erlaubte es jedem, seines Glückes Schmied zu werden, sich ohne beengende Zunftzwänge selbständig zu machen. Erstaunlicherweise dauerte es am längsten, die allgemeine Wehrpflicht durchzusetzen. Das hätte schon damals den gebildeten Verächtern Preußens zu denken geben können, die es fühlenden Herzen in Bayern oder Oberschwaben als öden Exerzierplatz und saubere Kaserne schilderten. Die allgemeine Wehrpflicht wurde erst 1814 Gesetz. Der Bürger sah darin ein Zeichen der Unkultur: Sie erfasst den Gebildetsten wie den Rohesten und bewertet ihn nur nach seinem physischen Leben, bloß als Körper, ohne auf den Geist zu zählen. Sie ist ein Grab der Kultur, der Wissenschaft, des Handels, sämtlicher Feiheit und allen Glücks. Die demokratische Idee des freien Volkes in Waffen entsetzte preußische Bürger eher, als dass sie werbend wirkte. Selbst die Verheißung, dass jetzt auch Bürger zum Offizier aufsteigen konnten, dämpfte nicht den Unmut. Sie wollten gar nicht Offizier werden. Erst der Befreiungskrieg gegen Napoleon versöhnte den Bürger allmählich mit der Zumutung der Wehrpflicht.

Sämtliche Reformen – vom Freiherrn vom Stein eingeleitet, von Hardenberg, Scharnhorst und Gneisenau fortgeführt – stießen auf erbitterten Widerstand. Keiner war auf die Freiheit vorbereitet, und jeder fürchtete sie. Zur Freiheit mussten alle erst erzogen werden. Am erfolgreichsten konnte der Adel seine Stellung behaupten. Er verfügte gegenüber dem König über ein schlagendes Argument: Wie kann er sein ererbtes Privileg, König zu sein, noch rechtfertigen, wenn er alle übrigen Erbrechte als unberechtigt beseitigen möchte? An ihrem Einspruch scheiterte die Kreisverfassung. Ein adliger Landrat, bestimmt von den Gutsbesitzern und anerkannt vom König, »herrschte« weiterhin auf dem Land. Den Adligen blieben ihre herkömmliche Gerichtsbarkeit im Dorf, die Aufsicht über Kirche und Schulwesen, vor allem ihr Jagdprivileg.

Die Bauernbefreiung zog sich länger als beabsichtigt hin, weil dem Gutsherrn eine Entschädigung für die Grundstücke zustand, die er den Bauern überließ. Denen fehlte es in den schlechten Zeiten an Geld, um die Ablösung zu zahlen. Viele verzichteten zu Gunsten ihrer ehemaligen Herrn auf die ohnehin oft zu kleinen Höfe und begaben sich in eine höchst ungewisse Freiheit. Die größten Schwierigkeiten bereiteten die Vereinfachung und Vereinheitlichung des Steuersystems. Das gelang erst 1820 und auch dann nur äußerst unvollkommen. Nichts empörte den Bürger so sehr wie eine Einkommenssteuer. Sie galt ihm als Enteignung, als Eingriff in seine geschützte Privatheit.

Die Verfassungsfrage blieb überhaupt ungelöst. Zumindest die Beamten bemerkten allmählich, dass Reformen auch ohne Parlament möglich sind. Sie beruhigten sich alsbald mit der Überzeugung, dass die Freiheit ungleich mehr auf der Verwaltung als auf der Verfassung beruhe. Eine Verfassung schützt die Sicherheit des Eigentums oder der Person. Beides war in Preußen gewährleistet. Der Genius der bürgerlichen Gesellschaft bedürfe deshalb nicht feierlicher Verfassungstempel, weil er in der Verwaltung mit seinem Geist längst wohltätig wirke.

Trotz mancher Unzulänglichkeiten war die »alte Gesellschaft« grundsätzlich in eine neue individualisierende Berufs- und Leistungsgesellschaft umgewandelt worden. Clausewitz konnte mit einer gewissen Berechtigung schreiben, dass es ohne krampfhafte Zuckungen zu Veränderungen gekommen war, die allesamt als »Gegenstände der Französischen Revolution« bekannt waren. Es handelte sich um eine »Revolution von oben«, die Preußen gern mit der englischen von 1688 und der amerikanischen von 1776 verglichen. Geordnete Umbrüche wurden vernünftig geplant und umgesetzt, und sie richteten sich nach dem, was die Notwendigkeit verlangte. So verstanden die Reformer dennoch ganz friderizianisch ihr Werk. Da der unabhängige Geist bei den meisten Untertanen noch fehlte, blieb ihrer Ansicht nach gar nichts anderes übrig, als auf dem Verwaltungsweg die Grundlagen für eine freie Entwicklung zu schaffen. Eine freie Gesellschaft im freien Staat ist dann das Ergebnis dieses Erziehungsprozesses.

Gerade deshalb wurde Schulen und Hochschulen, den staatlichen Anstalten zu freier Selbstbildung, eine solche Beachtung geschenkt. Bildung befreit. Sie versetzt den Mensch in die Lage, sich zum Menschen zu formen. Seine Humanisierung ist nicht sein Recht, sondern seine Pflicht, um zu seiner Freiheit zu gelangen und sie vernünftig zu gebrauchen. Der Geist der Freiheit äußert sich aber als ein das Leben verschönernder Geist. Das war seit Winckelmann bekannt und wurde von Goethe und Schiller ununterbrochen variiert. Klassizistische Ästhetik und philosophische Pflichtenlehre verschmolzen zu einem Begriff von schöner Freiheit und Menschlichkeit. Wilhelm von Humboldt, der Freund Goethes und Schillers, verpflanzte den Geist Weimars nach Berlin und ermöglichte die Symbiose von preußischer Staatsgesinnung und Antike.

Den Menschen sucht zunächst der Mensch. Ihn strebt er, ohne alle Nebenabsichten, in seiner eigenen Natur, in all seinen Umgebungen zu erkennen. Wissenschaften und Künste helfen ihm bei diesem Verlangen und erhöhen seinen Lebensgenuss. Am besten dienen die »Klassiker«, dient das Studium der Alten dazu, einsichtsvolle und schöne »Lebenstotalität« zu erreichen. Dann steigert sich das unerschöpfliche Individuum zum Ausdruck reiner Menschlichkeit. Das Gymnasium bereitet auf das selbständige Denken ohne Autorität vor. Die Universität vollendet diese Anleitung. Das Denken bleibt zweckfrei, schwingt selig in sich selbst, unberührt von banausischer Verwertbarkeit. Der Mensch erwirbt darüber eine Bereitschaft, sich lebenslang selbst zu bilden und fortzubilden und sich offen zu halten für alle Überraschungen des Geistes.

Diese innere Freiheit gestattet es ihm, an welcher Stelle auch immer die Gesellschaft tätig und befreiend zu durchdringen. Der Staat erweitert sich unter diesen Voraussetzungen vom militärgestützten Rechtsstaat zum Kulturstaat. Er garantiert die wissenschaftlich-ästhetische Bildungsfreiheit und unterhält Einrichtungen, um jedem die Chance zu geben, in diesem Sinne frei zu werden. Die Gründung der Berliner Universität 1810 steht in Verbindung mit solchen Überlegungen. Sie wurde im Laufe des neunzehnten Jahrhunderts zur weltweit vorbildlichen Einrichtung freier Forschung, Lehre und Bildung. Wie im Königtum das Regierungssystem seinen Abschluss findet, so resümiert die Universität die Gedanken, die stufenweise von der Volksschule über das Gymnasium zu ihrer Bildungsidee hinleiten. Das gesamte Bildungswesen begriff Humboldt als einen Zusammenhang. Das gesamte Reformwerk fassten ihre Verfechter als eine Einheit auf, um Staat, Militär und den Menschen zu erneuern.

Eben deshalb erinnerte Gneisenau, einer der humanistischen Reformer der Armee, immer wieder an die drei Prinzipien: Wissenschaft, Armee und Verfassung. Eins greife ins andere über. Politische Freiheit ist immer politisch beschränkte Freiheit, um den Pluralimus im Sinne Kants zu sichern. Keiner solle sich so verhalten und so betrachten, als ob er die ganze Welt in sich enthielte. Er solle sich bewusst bleiben, dass er einer unter anderen ist und sich demgemäß als »Weltbürger« betragen. Weltbürger meinte Staatsbürger und damit die Anerkennung des staatlichen Rechts, jeden dazu anzuhalten, seine Menschenrechte nicht zu verabsolutieren, um ein harmonisches Zusammenleben zu erhalten oder zu ermöglichen.

Auch diese Ideale blieben wie alle Idealvorstellungen ein großer Wunsch. Immerhin hatte sich Preußen mit dem Geist verbündet und suchte im umfassenden Sinne eine geistige Wiederbelebung seiner erstarrten Mechanismen. Die lutherische Freiheit eines Christenmenschen, die evangelische Gemeindefreiheit, die bürgerlich-städtische Gemeindefreiheit, die Forschungsfreiheit und die innere Freiheit des Gebildeten schienen, alle miteinander verbunden, die Kluft von innerlich und äußerlich, von privat und öffentlich zu überbrücken. Preußen galt deshalb als Staat der Freiheit. Hegel konnte mühelos Preußen als die Verkörperung der befreienden Weltvernunft verstehen. Viele betrachten diese Einschätzung als ein verhängnisvolles Missverständnis. Doch es bleibt immerhin bemerkenswert, dass ein großer Philosoph unter dem Eindruck Preußens auf diesen Gedanken kommen konnte. Seit Hegel ist Preußen ein geistiges Phänomen, wie die attische oder die römische Republik, die klassischen Modelle politischer Weltklugheit.

Die große Krise um 1800 entfesselte ein Genietreiben in Berlin. Es waren vor allem gebürtige Preußen, die in humanistischer Gesinnung Berlin zur aufregendsten Stadt auf dem Kontinent machten, während in Paris jede Originalität unter dem Druck Napoleons weitgehend verstummte. Märkische Junker wie Heinrich von Kleist und Achim von Arnim, zu Preußen gewordene Franzosen wie Chamisso oder de la Motte Fouqué, die Berliner Ludwig Tieck und Wilhelm Heinrich Wackenroder, die Ostpreußen E.T.A. Hoffmann und Zacharias Werner, Johann Gottlieb Fichte aus der Lausitz und Friedrich Daniel Schleiermacher aus Breslau, sie alle bestätigten in Berlin, dass aus dem »Osten« überraschendes Licht kam. Alexander von Humboldt war von Berlin aus aufgebrochen, um Südamerika ein zweites Mal zu entdecken, sein Bruder Wilhelm revolutionierte die Sprachforschung.

Überall las man Goethe oder sang dessen von Zelter vertonte Verse. Schiller überlegte seit 1804, nach Berlin umzusiedeln. Mit Schadow begannen die Berliner Bildhauerschulen. Auch die Offiziere waren in das ästhetisch-gelehrte Treiben einbezogen. Scharnhorst, Gneisenau, beide keine Preußen, wurden über den Humanismus ihrer Umgebung zu gebildeten Preußen. In diesem Milieu schulte Clausewitz sein Denkvermögen und vor allem sein strenges Stilbewusstsein. Er gehört zu den klassischen Meistern deutscher Prosa, und ihm folgte bis zu Helmuth von Moltke eine beträchtliche Zahl sorgfältiger Stilisten und Klassizisten in Uniform. Dem römischen Imperativ: *arma ac litterae* – die Waffen und den Geist anmutig zu verbinden – wurde ernst und geschmackvoll gehorcht. Selbst Professoren lernten es, sich gefällig auszudrücken und die Wissenschaften den Gebildeten zugänglich zu machen, statt sie vor ihnen zu verschließen.

Den ganzen Staat hatte eine Unruhe gepackt, begierig nach neuen Dingen, weil alles Neue gefällt. Nur Napoleon stand im Weg. Friedrich Wilhelm III. ließ sich nicht auf die Verwegenheit ein, ihn möglicherweise zu reizen und die Existenz seines Staates zu gefährden. »Der König hat gar nicht das Recht, das Dasein seines Staates aufs Spiel zu setzen, das darf nur eine Republik«, wie ihm einer seiner Adjutanten, Karl Leopold von Köckritz, bedeutete. Der König ist Treuhänder des gemeinen Wohls, während eine Republik glaubt, den gemeinschaftlichen Willen aller zu vollstrecken.

Die Heeresreform verzögerte er immer wieder, um kein Aufsehen zu erregen. Dennoch war Preußen gut gerüstet, als der König sich nach Napoleons Scheitern 1812 in Russland mit dem Gedanken vertraut machte, vielleicht doch zu kämpfen. General Yorck von Wartenburg drängte ihn zum Handeln, indem er am 30. Dezember 1812 eigenmächtig seine Truppen aus der Allianz mit den Franzosen löste und sich in Tauroggen mit den Russen verständigte. Friedrich Wilhelm zauderte weiter, um sich der Hilfe Russlands, möglichst auch der Österreichs zu vergewissern. Im Gegensatz zu vielen Offizieren, aber auch zum Freiherrn vom Stein, unterschätzte er, trotz ihres Debakels in Russland, die französischen Armeen nicht.

Missgelaunt beobachtete er den patriotischen Enthusiasmus. Am 10. März 1813 stiftete er den Orden des Eisernen Kreuzes, ein erster Hinweis darauf, dass es ernst wurde. Ein ganz neuer Orden, schlicht und schmucklos, wie das Volk, für das und mit dessen Hilfe der Krieg geführt werden sollte. Am 16. März 1813 erklärte er Napoleon den Krieg, und tags darauf wandte er sich mit dem Aufruf an sein Volk, für König, Vaterland und Ehre zu streiten. Volk und Vaterland waren dem Leidenschaftslosen ominöse Begriffe. Er fürchtete viel Widerwärtiges, eben einen Volkskrieg. Der Krieg war für ihn ein viel zu ernstes Geschäft, um ihn unberechenbarem Enthusiasmus anzuvertrauen.

Die allgemeine Wehrpflicht musste er widerstrebend verkünden, und ganz entsetzlich war ihm das Edikt zum Landsturm vom 21. April 1813. »Jeder, der gegen die Wand pissen kann«, wie sich Scharnhorst biblisch ausdrückte, wurde verpflichtet, mit Messer, Beilen, Sensen auf den Feind einzuhauen und ihn totzuschlagen. Solche Forderungen, die einem gesitteten Volk Unmögliches zumuteten und dem Krieg das Gepräge fanatischer Barbarei gaben, verletzten seinen soldatischen Anstand. Dieses Gesicht der Freiheit oder Befreiung verabscheute er. Zu seiner größten Erleichterung konnte er das Edikt einige Wochen später aufheben, weil die regulären Truppen sich erfolgreich bewährten. Gneisenau und dessen Gefährten, den Scharnhorst oder Clausewitz, hat er es nie vergessen, dass sie ihn zu einem solchen Schritt genötigt hatten – zu einem so revolutionären.

Übrigens befand er sich mit seinen Vorbehalten durchaus in Übereinstimmung mit den meisten seiner

Untertanen. Einige Dichter und Intellektuelle mochten zum Kreuzzug aufrufen. Die Bürger blieben insgesamt ruhig und besonnen. Sie spendeten klaglos, wenn sie nicht kämpften. Ihre goldenen Trauringe wechselten sie gegen eiserne, »Gold gab ich für Eisen« hieß die zündende Parole. Strömten die Massen, die der König ohnehin fürchtete, auch keineswegs zu den Waffen, so wurde der Krieg gleichwohl als allgemeine vaterländische Aufgabe verstanden.

Die Volkserhebung zur Befreiung vollzog sich korrekt und diszipliniert. Auf alles, was der König Poesie nannte, eben Leidenschaften, verzichtete das nüchterne Volk zu seiner Erleichterung. Immerhin konnte er 280 000 Mann ins Feld schicken. Das entsprach elf Prozent der männlichen Bevölkerung, eine enorme Zahl für damalige Verhältnisse. Weil Österreich noch abwartete, wurde der Krieg gemeinsam mit den Russen vorsichtig eingeleitet. Anfängliche Niederlagen im Mai bei Großgörschen und Bautzen brachen den Elan der Truppen nicht. Österreich versuchte lange, zwischen Preußen, Russen und Napoleon zu vermitteln. Als seine Bemühungen scheiterten, schloss es sich am 12. August 1813 der Koalition an. Die Völkerschlacht zu Leipzig vom 16. bis 19. Oktober bewirkte den raschen Rückzug der Franzosen aus Deutschland. In der Silvesternacht überschritten die Preußen bei Caub den Rhein und drangen in Frankreich ein.

Die Feldzüge bis zum Einmarsch der Alliierten in Paris am 31. März 1814 waren immer wieder durch Verhandlungen unterbrochen und abgebremst worden. Der Befreiungskrieg blieb trotz neuer Dynamik ein gehüteter Kabinettskrieg. Die Verbündeten führten keinen Kreuzzug gegen einen Feind des Menschengeschlechts. Sie hofften, mit vernünftigen Friedensangeboten Napoleon zur Nachgiebigkeit zu überreden. Europa brauchte ein starkes Frankreich, um wieder ins Gleichgewicht zu kommen. Die Könige und Kaiser erachteten es als bekömmlicher, mit Napoleon ins Geschäft zu kommen, statt die Bourbonen und die übrigen »Emigranten«, wie man schon damals ins Exil Vertriebene nannte, wieder zu restaurieren. Napoleon verweigerte sich jedem Kompromiss und verlor sein Kaisertum und Frankreich. Mit Elba hoffte man ihn zu entschädigen und zu beruhigen.

Das war eine Fehlkalkulation umgänglicher Aristokraten, die mit ihrem Feind höflich umgehen wollten. Napoleon kehrte 1815 noch einmal nach Frankreich zurück. Bei Belle Alliance, wie die Preußen, bei Waterloo, wie die Engländer sagten, wurde er am 18. Juni endgültig besiegt und nicht mehr ehrenvoll auf das ferne St.Helena deportiert. Er hatte die Geduld der Alliierten zu sehr strapaziert. Aber Forderungen, ihn als Kriegsverbrecher vor Gericht zu stellen, Frankreich zu teilen und unter dauernde Aufsicht zu stellen, wie Gneisenau und andere preußische Offiziere sie erhoben, erregten ärgerliche Verwunderung. Friedrich Wilhelm war das ungebührliche Ansinnen seiner Offiziere ungemein peinlich. Das Zeitung lesende Publikum in England hingegen erwärmte sich sehr für Kriegsverbrecherprozesse und Verfahren gegen Kollaborateure. Derartige Aufwallungen legten sich allerdings auch dort bald. Europa sollte schließlich zur Ruhe kommen, zu einer Ruhe, wie sie sich seine Fürsten dachten.

Nationale Nebentöne zum Grundton des Staates

Auf dem Wiener Kongress 1814/15 ordneten die Großmächte Europa nach ihren Vorstellungen, ohne nationale Wünsche, die in der Auseinandersetzung mit Napoleon und dem französischen Nationalismus überall in Europa erwachten, zu berücksichtigen.

Für sie blieben die staatlichen Interessen und deren Ausbalancierung ausschlaggebend. Wider seinen Willen wurde Preußen Westfalen und das Rheinland zugeschlagen, ja es musste förmlich dazu gezwungen werden. Im Sinne einer Abrundung ihrer Territorien wollten die Preußen sich lieber das eroberte Sachsen einverleiben und dessen König am Rhein abfinden. Die Engländer und Österreicher hielten es jedoch für vorteilhafter, wenn eine Großmacht »die Wacht am Rhein« übernahm, um Frankreich in Schach zu halten. Österreich, das sich vom Rhein zurückzog, hatte dabei durchaus den Hintergedanken, dass Preußen als Gegenmacht zu Frankreich nicht in Versuchung geriet, sich zum Nachteil Wiens mit ihm zu verständigen. Die Bewegungsfreiheit Preußens ließ sich dadurch zum Nutzen Österreichs einschränken.

Auf seine früheren polnischen Provinzen, die es schon unter Napoleon verloren hatte, musste Preußen verzichten. Es behielt nur Posen. Insgesamt blieb Polen aufgeteilt; die Hauptmasse erhielt Russland, das ein halbautonomes Königreich Polen seinem Reichsverband angliederte. Der Skandal der polnischen Teilung erfuhr nun seine Sanktionierung durch die fünf Mächte. Ein geteiltes Polen stabilisierte das europäische Gleichgewicht, da eine Änderung dieser Lösung nur im Einverständnis mit den drei Mächten des Nordens möglich, also unmöglich war. Denn alle drei hatten keinerlei Interesse an einem selbständigen Polen, das als potentieller Alliierter Frankreichs für Unruhe in diesem Raum sorgen würde. Die Absicht der Wiener Verträge war ja, dem Ehrgeiz Frankreichs keine Anknüpfungspunkte zu bieten. Deshalb wurde Österreich die Vorherrschaft in Italien gelassen und mit Preußen zusammen im Deutschen Bund. Frankreich war damit »eingegrenzt«. Sowohl Italien wie Deutschland sollten seinem Einfluss entzogen sein.

Der Rhein wird am Po verteidigt und umgekehrt, das war der leitende Gedanke. Er setzte eine enge Zusammenarbeit der beiden deutschen Großmächte voraus. Sie schien gewährleistet durch das »ewige« Bündnis der vier Siegermächte. Es war das erste System kollektiver Sicherheit, das sich dazu verpflichtete, alle umstrittenen Fragen friedlich zu lösen. Auch dieses System richtete sich vorzugsweise gegen Frankreich, das als Unruhestifter möglichst gefesselt werden sollte, selbst als es seit 1818 mit einbezogen wurde. Ergänzend trat die »Heilige Allianz« hinzu, die auf Anregung Russlands als »Wertegemeinschaft« christlicher Politik gegründet wurde. Metternich charakterisierte sie als schallendes Nichts, und die Engländer hielten sich von ihr fern. Sie entwickelte sich aber bald zu einem Sonderbündnis der »drei Adler« Russland, Österreich und Preußen. Gegen diesen Kontinentalblock konnten selbst Frankreich und England zusammen in Europa nichts unternehmen.

Preußen galt also als europäischer Ordnungsfaktor, und zugleich hatte es für seine Sicherheit gesorgt, indem es sich in eine übergreifende Ordnung einband. Es war kein saturierter Staat, weil keine unmittelbare Verbindung zu seinen westlichen Provinzen bestand. Das war ein Schönheitsfehler der Wiener Konstruktionen, aber ein wohlüberlegter. Denn wenn er korrigiert werden sollte, dann nur im Einvernehmen mit Österreich. Metternich akzeptierte eine Hegemonie Preußens im Norden bis zum Main, allerdings nicht weiter. Im Deutschen Bund mit seinem Mittelpunkt in Frankfurt, dem Bundestag, einem Gesandtenkongress aller deutscher Staaten, übernahm Österreich den Vorsitz.

Metternich war immer so klug, alle entscheidenden Fragen vorher mit Preußen abzusprechen. Es durfte den Eindruck gewinnen, zusammen mit Österreich in Deutschland zu bestimmen. Genau das wollte Metternich erreichen. Im preußisch-österreichischen Dualismus sah er durchaus eine heilsame Kraft. Waren sich Preußen und Österreich einig, mussten die übrigen deutschen Staaten folgen. Einigkeit bedarf keiner festen »nationalen« Einheit. Friedrich Wilhelm III. fand das überzeugend. Deutschem Einheitsverlangen stand er völlig entgeistert gegenüber, denn das hielt er für revolutionär. Von einem deutschen Beruf Preußens wusste er so wenig wie seine Vorgänger. Er lehnte sich bedürfnislos an Österreich und Russland an und wollte nur eines, den Frieden in Europa und damit Ruhe für das erschöpfte Preußen.

Napoleon hatte zwischen 1807 und 1812 dem verstümmelten Staat über eine Milliarde Francs abgepresst. Preußen, das mit fast 200 Millionen Talern Schulden in die Nachkriegszeit eintrat, war wieder einmal sehr arm. Mit einer rigorosen Sparpolitik mussten die Schulden abgetragen werden, denn der Staat schämte sich wie ein

Edinburgh
Kgr. Schottland
Nordsee
Kgr. Irland
Dublin
Kgr. GROSSBRITANNIEN UND IRLAND
Wales
Kgr. England
London
Themse
Dover
Kgr. der VEREINIGTEN NIEDER-LANDE
Münster
Westfalen
Brüssel
Köln
Rhein-provinz
Ghzm. Luxemb.
Pfalz
Kanal
Paris
Straßburg
Loire
Nantes
Fsm. Neuenburg
Basel
Atlantischer Ozean
Kgr. FRANKREICH
Savoyen
Bordeaux
Kgr. SARDI-NIEN
Rhône
Galicien
Navarra
Marseille
Rep. Andorra
Altkastilien
Argonien
Madrid
Tajo
Kgr. SPANIEN
Kastilien
Mittelländisches Meer
Granada
Algier
ALGERIEN

Kgr.
Ostsee
Memel
Kurland
Danzig
Königsberg
Ostpreußen
Litauen
Allenstein
Pommern
West-
preußen
Stettin
KAISERREICH
RUSSLAND
Weichsel
Warschau
Berlin
Posen
Kgr. Polen
Kiew
Halle
Breslau
Schlesien
Galizien
Prag
Rep. Krakau
Böhmen
Mähren
KAISERTUM
ÖSTERREICH
Wien
Österreich
Ofen
Pest
Steier-
mark
Sieben-
bürgen
Donau
Kärnten
Ungarn
Vene-
tien
Krain
Slawonien
Belgrad
Bosnien
Serbien
Sarajewo
Dalmatien
OSMANISCHES
REICH
KIRCHEN-
STAAT
Fsm.
Montenegro
Adriatisches
Meer
Fsm. Pontecorvo
Fsm. Benevent
Neapel
Albanien
Korfu
(engl.)
Meer
Kgr.
BEIDER
SIZILIEN
Kephalonia
(Rep. unter
engl. Schutz)
Athen
Wiener Kongress 1815
Preußen 1815
Preußische Gebiete
außerhalb des Deutschen Bundes
Grenze des Deutschen Bundes

ehrenwerter Privatmann, überhaupt Schulden zu haben. Im Übrigen galt es, die neuen Provinzen in die preußische Verwaltung zu integrieren und die Bevölkerung an die Reformen zu gewöhnen. Gemeinhin werden diese stillen Jahre als Epoche der Restauration zusammengefasst. Doch es handelte sich vornehmlich um das Bemühen, die neuen Verhältnisse im Innern zu konsolidieren und die in Wien gegründete neue internationale Ordnung zu stabilisieren. Restauriert wurde nicht einmal die monarchische Autorität. Sie war in Preußen nie in Frage gestellt worden.

Der Entschluss, der neuen Ordnung der Dinge Beständigkeit zu verleihen, bedeutete allerdings, sich auf keine weiteren grundsätzlichen Veränderungen einzulassen. Ein konservativer Wille, zu bewahren und zu erhalten, trat allem Verlangen nach Neuerungen entgegen, allen liberalen Forderungen nach Verfassung und Nationalstaat. Beides betrachteten die Könige, und mit ihnen Friedrich Wilhelm III., als Versuch, die Grundlagen der in Wien vereinbarten Ordnung zu erschüttern oder umzustürzen. Darin sahen sie eine Gefahr, gegen die sie sich verteidigen wollten.

In diesem Sinne führte Friedrich Wilhelm III. eine konservative Politik. Sie enthielt aber in sich einen Widerspruch. Denn Preußen hatte sich erneuert, indem es sich liberalisierte. Der König hatte 1813 eine Verfassung versprochen und 1815 sein Versprechen wiederholt. Er hatte es während des Krieges zumindest zugelassen, dass mit Preußen deutsche Hoffnungen verknüpft wurden. Eine bewusste Abkehr von liberalen Grundsätzen konnte sich Preußen nur unter der Bedingung leisten, dass es zu seinen eigenen Lebensprinzipien in Gegensatz geriet. Das hatte der König nicht vor. Die Konsequenz allerdings, die Gneisenau ihm nahe legte, mochte er erst recht nicht ziehen: beharrlich eine liberale Politik zu verfolgen, die Preußen in den Mittelpunkt aller nationalen und konstitutionellen Bestrebungen in Deutschland rücken würde.

Denn Nation galt dem König so viel wie Revolution. Er trachtete nicht nach »moralischen Eroberungen«. Ihm genügte es, wenn Preußen geachtet war. Seine nationale Passivität enttäuschte allerdings die aufgeregten Patrioten. Der lockere Deutsche Bund entsprach nicht den energischen Träumen von neuer deutscher Kaiserherrlichkeit und einem Reich, das in der Mitte der Völker als Schiedsrichter deren Zerwürfnisse schlichtet. Intellektuelle entwarfen in solchen Zusammenhängen die prächtige Legende von Brandenburg-Preußens deutscher Sendung. Fichte erkannte 1812 in Preußen »den Zwingherrn zur Deutschheit«. Fortschreitend in Freiheit, werde es die übrigen Deutschen befreien und in Deutschland untergehen, während es zugleich dessen Wiedergeburt ermögliche.

Der Historiker Barthold Georg Niebuhr, ein Holsteiner, feierte in Preußen 1814 das gemeinsame Vaterland aller Deutschen. Durch Wissenschaft, Verwaltungstüchtigkeit und Waffen habe es sich zum Ausdruck der Nation geformt. Preußen dürfe alle Deutschen dem Recht und den Bedürfnissen der Nation unterstellen, die es allein am besten kenne. Für Niebuhr sollte Deutschland in Preußen aufgehen. Fichte hingegen wünschte, dass Preußen in Deutschland verschwände.

Beide Positionen wurden von nun an immer neu variiert. Die »deutsche Frage« entwickelte sich darüber für Preußen zu einer existentiellen. Sein Dasein als Staat war unmittelbar mit deren Lösung verknüpft. Viele Reformer dachten deutsch. Sie begriffen Preußen als Werkzeug des Weltgeistes für ein neues, durchgeistigtes und deswegen mächtiges Deutschland. Paradoxerweise wurde Preußen in dem Moment, als es sich gleichsam zum »Idealstaat« vollendet hatte, seine Selbstaufgabe zu Gunsten eines erhofften deutschen Idealstaates zugemutet. Keiner konnte so ungeduldig von den Preußen sprechen wie ihr westdeutscher Reformer, der nassauische Freiherr vom Stein: »Was kann man erwarten von den Einwohnern dieser sandigen Steppen, diesen pfiffigen, herzlosen, hölzernen, halbgebildeten Menschen?« Dieser »gelernte Preuße«, der übrigens seine privaten Briefe nur auf Französisch schrieb, bekannte 1812, nur ein Vaterland zu haben, und »das heißt Deutschland«. Preußen verstand er nur als Weg oder Umweg zu diesem Ziel.

Paul Achazius Pfizer, ein Schwabe und Propagandist des »deutschen« Preußen, befürwortete unbefangen die Zerstückelung Preußens in Kleinstaaten. Den preußischen König konnte er sich allemal als deutschen Kaiser vorstellen. Aber die Vorherrschaft Preußens fürchtete er, weil diese zugleich in die Vorherrschaft eines durch den Staat erzogenen Volkes, des preußischen, über das deutsche ausarten würde. Als schwäbischer Liberaler ersehnte er sich erstaunlicherweise nur eines: dass der preußische König nicht den liberalen Versuchungen, eine Verfassung und ein Parlament zuzugestehen, erliegen möge. Ein parlamentarisches Preußen könne sich rasch zu einer selbständigen Nation bilden, die der deutschen gar nicht mehr bedürfe.

Solange es ohne »Nationalversammlung« auskommt, ist es ein junger Baum, den man leicht in den deutschen Boden verpflanzen kann. Besitzt Preußen ein Parlament, dann verfestigt es sich in seiner eigenen Staatlichkeit und Partikularität. Ein preußischer Staatswille als Volkswille aber lässt sich schwerlich mit einem deutschen

Volkswillen vereinbaren. Ein liberal-konstitutionelles Preußen steht also Deutschland im Weg. Pfizers Mahnung, Preußen dürfe nicht vollends liberal werden, war keineswegs ungewöhnlich. Die südwestdeutschen Nationalisten und Liberalen plagte die Angst, von Preußen verraten oder bevormundet zu werden. Dieses »Kolonialvolk«, das indessen im »Altreich« tätig wurde, musste doch erst »germanisiert« werden, indem es sich selbst aufgab und gemäß den Vorstellungen liberaler Südwestdeutscher von Deutschheit und Nation »verdeutschte«.

Die Preußen, auch die liberalen unter ihnen, gerieten in ein Dilemma. Deutsche konnten sie sich meist nur als leicht modifizierte Preußen vorstellen. Auch Fichte lag es völlig fern, in Tübingen oder Karlsruhe den Weltgeist am sausenden Webstuhl der Zeit ungemein tätig zu vermuten. Ihre Vorstellung von Preußentum war allein auf den Staat bezogen. Die Nation war ein sekundäres, zum Staat hinzutretendes Element. »Die Idee des Staates ist der Grundton der Kultur, die Nationalitäten sind Nebentöne, welche ihm folgen«, wie Theodor von Schön, der liberale Oberpräsident von Ostpreußen, nationalen Enthusiasten erklärte.

Das entsprach vollkommen erzkonservativen Überzeugungen. Friedrich von Gentz hielt es für einen im Staatsrecht bisher unbekannten Satz, dass Herkunft, Sprache und Religion ein unverlierbares Recht darauf verleihen sollten, sich zur Nation zusammenzuschließen. Die Nation verstanden Konservative als »bloßes Naturtum«, nebelhaft verschwimmend, »was dem heutigen pantheistischen Zeitgeist gemüthlich ist«. Der Historiker Heinrich Leo aus Halle resümierte knapp: »Die Nationalität der Sprache und des Blutes ist nicht die konstituierende Grundlage der Volksbildung, sondern das ist die gesamte sittliche Bewegung wie sie der Staat darstellt.

Die Nationalität macht also nicht den Staat, aber der Staat allemal das Volk.«

Es ist nicht weiter verwunderlich, wenn der König nicht wesentlich anders über die Nation dachte. Allerdings wünschten Liberale eine Verfassung und ein Parlament in Preußen, um den Staat, wie sie ihn verstanden, zu vollenden. Die Konservativen begnügten sich mit Landtagen, ständischen Provinzialvertretungen, die seit 1823 eingeführt wurden. Dort hatten sie die Mehrheit. In der Verfassungsfrage gab Friedrich Wilhelm III. nicht nach. Er fürchtete die »nationalen« Folgen, die unvermeidlich waren, wenn der neben Österreich größte deutsche Staat zum monarchischen Konstitutionalismus überging. Unweigerlich mußte dann Preußen eine Anziehungskraft entwickeln, die mit der deutschen Frage die preußische aufwarf. Und den Untergang seines Staates wollte er nicht.

Obschon keine Kämpfernatur, kämpfte er aus Überzeugung gegen den nationalen Gedanken. Den deutschen Zollverein von 1834, den Preußen verwirklichte, verstanden er und seine Minister nicht unbedingt als Vorbereitung deutscher Einheit. Der Zollverein richtete sich gegen England und dessen Vorherrschaft auf dem Kontinent im wirtschaftlichen Wettbewerb. Deutschland war nicht das Ziel. Wer »national« war, machte sich verdächtig. In Absprache mit Österreich wurden seit den Karlsbader Beschlüssen vom 20. September 1819 die sogenannten Demagogen kontrolliert, schikaniert oder juristisch bestraft, die revolutionäre, und das hieß: nationale Leidenschaften aufrührten. Die preußischen Behörden beaufsichtigten gründlich die »öffentliche Meinung«. Ihrer Aufmerksamkeit entging keine Verletzung der politischen Korrektheit, wie man sie damals verstand.

Der Druck der Polizei und Zensur war unangenehm, aber nicht unbedingt effektiv. Denn Preußen wollte mit rechtsstaatlichen Mitteln die garantierte Freiheit der Person und der Meinung einschränken. Richter, Polizeibeamte oder Zensoren, meist selber liberal, mussten zwischen Pflicht und Neigung einen Ausweg oder Mittelweg finden. Dieses an sich korrekte Verhalten brachte die »Demagogenverfolgung« erst recht um jeden Kredit. Sie glich unvermeidlich einer »Willkürherrschaft«, die doch in Preußen seit den Tagen Friedrich Wilhelms I. für überwunden galt. Liberale sorgten sich um das Ansehen Preußens im »Auslande«, was vor allem Deutschland meinte.

Die Deutschen, die im Übrigen genauso willkürlich verfuhren, sahen sich in allen Ängsten vor preußischer Despotie bestätigt. Dennoch erwarb sich Preußen in diesen Zeiten den Ruf, ein Staat der Freiheit, die Universität Europas, die Bildungsanstalt aller Menschen zu sein. Nirgendwo ließ sich radikal Denken und behaglich Leben trotz allem so freundlich miteinander verbinden wie in diesem Militärstaat, der sich nun auch noch als Polizeistaat zu erkennen gab. Leopold von Ranke, der größte Historiker des Jahrhunderts, vergaß nie die herrlichen Tage in jener Zeit. Jacob Burckhardt fühlte sich im preußischen Bonn wie im Garten Gottes. Auch diese Urteile gehören zum Gesamtbild.

Der liberale Victor Hugo, ein begeisterter Europäer, rief damals seinen Landsleuten zu: »Österreich ist Deutschlands Vergangenheit. Preußen ist seine Zukunft.« Preußen übernimmt danach die Rolle in Deutschland, die Frankreich in Europa zusteht. Deutschland und Frankreich machen zusammen das aus, was europäische Zivilisation genannt wird. Mit Deutschland meinte er Preußen, das Herz Europas, das dem Kopf, nämlich

Frankreich, belebende Impulse verleiht. »In höchster Ehrfurcht« widmete 1824 Beethoven Friedrich Wilhelm III. seine 9. Sinfonie. Der Hymnus an die Freude, mit dem sie endet, ist kein Hymnus an Preußen. Aber Beethoven vermutete, dass die Freude dort herrscht, wo die Freiheit nicht unbekannt ist. Die Europäer von heute haben Beethovens Melodie zu ihrer »Nationalhymne« erklärt – ahnungslos, dass einmal ein preußischer König mit der Freude und der Freiheit Götterfunken verbunden wurde.

Von deren Zauber ließ sich Friedrich Wilhelm IV. gerne binden. Mit seinem Regierungsantritt 1840 beginnen »die Tage froher Erwartung« in Preußen. Er verkündete eine allgemeine Amnestie für politisch Verfolgte und wollte das ideale Preußen in die tatsächliche Welt deutscher Erfahrung setzen. Vor Deutschland hatte er keine Angst. Preußen wünschte er sich als Motor für eine Reform des Deutschen Bundes hin zu strafferer militärischer, rechtlicher und wirtschaftlicher Gemeinsamkeit. »Schwunghafte Einigkeit und Einheit« erwartete er sich im Herzen Europas.

1841 forderte Hoffmann von Fallersleben: Deutschland, Deutschland über alles. Nicht Preußen, nicht Bayern, nicht »Österreich über alles«, wie 1809 ein patriotisches Lied meinte, sollte die Devise sein. Jenseits aller Besonderheiten sollte Deutschland alle verpflichten, alle Deutschen sollten Deutsche werden.

Dem König erschien das gut gedacht und gut gewünscht. Aber er wußte nie so recht, wie Preußen und Deutschland zueinander finden sollten, ohne dass Preußen dabei seine »Individualität« einbüßte. Friedrich Wilhelm IV. taumelte hilflos in die Revolution von 1848. Im Frühjahr 1847 versammelte er einen »Vereinigten Landtag« aus allen Landständen in Berlin und öffnete damit die Büchse der Pandora, die sein Vater sorgsam verschlossen gehalten hatte. Die Verfassungsfrage, eine rein preußische, verknüpfte er mit der deutschen, einer Reform des Bundes. Beides verschmolz zu einer gesamtdeutschen Frage in der Revolution von 1848.

Deutsche Einheit begeisterte die Berliner im März 1848 ebenso wie die übrigen Deutschen. Es kam am 18. März zu Tumulten. Es gab einige Tote und Verletzte. Die Armee, dem Bürger nie ganz geheuer, machte sich verhasst. Der König befahl den Rückzug der loyalen Truppen aus Berlin. Am 21. März ritt er durch Berlin, allseits schon wieder umjubelt. Alle Forderungen hatte er bewilligt, vor allem die, Wahlen zu einer deutschen verfassungsgebenden Versammlung nicht zu verhindern. »Preußen geht fortan in Deutschland auf!«, rief er seinen lieben Berlinern zu. Sie waren zufrieden. Die Nation war das Instrument, um auch in Preußen eine Verfassung durchzusetzen. Denn in einem konstitutionellen Reich musste doch auch Preußen eine Verfassung besitzen. Damit begannen die Schwierigkeiten.

Nebeneinander tagten seit Mai 1848 eine Deutsche Nationalversammlung in Frankfurt und eine Preußische Nationalversammlung in Berlin. Wie aber konnten ein preußischer Volkswille und ein deutscher in Übereinstimmung gebracht werden? Auf welche Art sollte Preußen in Deutschland aufgehen? Die Liberalen in Frankfurt kamen auf frühere Überlegungen zurück, Preußen in »Reichsprovinzen« aufzulösen oder in Einzelstaaten zu zerschlagen. Sie beobachteten misstrauisch die Dikussionen in der Preußischen Nationalversammlung und hofften, eine preußische Verfassung verhindern zu können.

Die preußischen Liberalen hingegen wünschten eine eigene Verfassung und die Vollendung preußischer Staatlichkeit in ihrem Sinne. Otto von Bismarck sprach als

Erzkonservativer das aus, was die Liberalen in Frankfurt ebenfalls meinten: »Ich kann mir nicht denken, daß in Preußen und Deutschland zwei Verfassungen nebeneinander bestehen können.« Da die Preußen daran festhielten, sich eine Verfassung zu geben, hatten sie sich gegen Deutschland entschieden. Die Minister Friedrich Wilhelms erkannten bald, wie man die Revolution mit ihren eigenen Mitteln schlagen und das Verfassungsbegehren dazu gebrauchen konnte, Preußen vor unangenehmen deutschen Ansprüchen zu schützen. Im Dezember 1848 gaben sie Preußen am Parlament vorbei eine Verfassung. Im Januar 1850 wurde sie von einer indessen gefügigen Mehrheit im Landtag gebilligt.

Da war das Frankfurter Parlament schon längst aufgelöst. Im März 1849 hatten die Frankfurter Friedrich Wilhelm IV. zum deutschen Kaiser gewählt. Aber er schlug die angebotene Krone aus, weil an ihr der »Ludergeruch der Revolution« hafte. Stattdessen hoffte er, zu seinen Bedingungen eine deutsche Einheit als Bund der Fürsten unter preußischer Führung bilden zu können. Die Frankfurter hatten sich für ein »kleindeutsches« Reich mit dem preußischen König als Kaiser entschieden. Österreich sollte als dauernder Verbündeter des Reiches mit diesem einen erweiterten Bund bilden. Solche Überlegungen griff Friedrich Wilhelm IV. im Frühjahr 1850 auf, um zumindest die norddeutschen Fürsten zu einigen. Österreich stemmte sich jedoch, nachdem es die Revolution in seinen Ländern niedergeworfen hatte, energisch gegen ein wie immer geartetes »preußisches« Deutschland. Mit Hilfe Russlands zwang es im November 1850 in Olmütz Friedrich Wilhelm dazu, auf solche Vorstellungen zu verzichten, den erneuerten Bundestag anzuerkennen und im Deutschen Bund ordnungsgemäß mitzuarbeiten.

Die deutsche Frage war nicht entschieden. Den Revolutionären gebrach es dazu an Macht. Doch Preußen war jetzt ein Verfassungsstaat. Das Dreiklassenwahlrecht bevorzugte Besitz und Bildung, was Liberale so wenig störte wie Konservative. Die Minister waren allerdings dem König und nicht dem Landtag verantwortlich. Die Verfügungsgewalt über die Armee konnte der König behaupten. Die Truppen wurden auf ihn, nicht auf die Verfassung vereidigt. Er blieb damit Souverän, Herr über Krieg und Frieden. Die Armee, die sich 1848 unbedingt loyal verhalten hatte, gehörte zum königlichen Staat, aber nicht zum konstitutionellen. Es gelang dem Landtag auch in späteren heftigen Zusammenstößen nicht, daran etwas zu ändern. Dennoch kann man nicht sagen, die Revolution sei gescheitert. Wichtige bürgerliche Forderungen wie Pressefreiheit oder Versammlungsfreiheit waren nun verfassungsmäßig garantiert.

Für Nationalliberale wie den Historiker Gustav Droysen, der Verfassungen für stets bewegliche Rahmen hielt, die sich biegsam den wechselnden Erfordernissen anschmiegen, genügte die Konstitution vorerst. Er hatte in Frankfurt die Auflösung Preußens befürwortet. Jetzt wandelte er sich zu einem entschiedenen »Borussen« und begriff Preußen als das Reichsland schlechthin. An diesen Kern eines vorweggenommenen Deutschland könne sich anschließen, wer immer über preußische Hilfe deutsch werden wolle. Deutschland könne es nur geben, wenn es preußisch würde. Aber – und hier blieb er seinen alten Vorstellungen treu – sobald alle anschlusswilligen Deutschen mit Preußen vereinigt sind, hat sich Preußens »deutscher Beruf« erfüllt und erledigt. Dann gibt es nur Deutsche.

Die entscheidende Macht von Eisen und Blut

»Ich bin vor allem Österreicher, aber entschieden deutsch und wünsche den innigsten Anschluß an Deutschland.« So verstand sich der junge Kaiser Franz Joseph, der auf Österreichs »Erstgeburtsrecht« in Deutschland nicht verzichten wollte. Seit 1850 betrieb er eine aktive, oft auch aggressive deutsche Politik. Die preußische Regierung lenkte wieder zurück auf die Bahnen eines friedlichen Dualismus. Vorausgesetzt, Preußen werde im Bund eine Gleichberechtigung mit Österreich zugestanden, also alternierender Wechsel im Vorsitz des Bundestages, das Recht, ein Veto gegen unliebsame Beschlüsse einzulegen und der Oberbefehl über deutsche Truppen in Norddeutschland.

Solchen Wünschen wollte Franz Joseph unter keinen Umständen nachgeben. Er nahm sich seit 1850 vor, »Realpolitik« zu treiben, ein Schlagwort, das damals populär wurde. Enttäuschte liberale Nationalisten forderten unter diesem Namen eine Philosophie der Tat, die das Wirkliche nicht nur denkt, sondern will. Alles Wirkliche äußert sich in Machtfragen. Wer Wirklichkeiten schaffend umgestalten will, bedarf der Macht. Julius Froebel, ein großdeutscher Liberaler, fasste diese Ansichten knapp zusammen: »Die deutsche Nation ist der Prinzipien und Doktrinen, der literarischen Größe und theoretischen Existenz satt. Was sie verlangt, ist

Macht – Macht – Macht! Und wer ihr Macht gibt, dem wird sie Ehre geben, mehr Ehre, als er sich ausdenken kann.«

Nicht Preußen, sondern Österreich begann damit, Realpolitik als Machtpolitik zu begreifen. Franz Joseph versuchte, europäische Konflikte zu »germanisieren«, mit ihrer Hilfe seinen Einfluss in Deutschland durchzusetzen. »Die guten Österreicher sind wie der Weber Zettel im Sommernachtstraum. Sie haben im Orient ihr Kreuz zu tragen, wollen in Italien die große Rolle spielen und in Deutschland auch den Löwen machen und für die europäische Politik über uns disponieren, ohne uns auch nur ein Gott vergelt's zu sagen«, wie Bismarck die Absichten des Kaisers charakterisierte.

Preußen verhielt sich defensiv und bemühte sich, das übrige Deutschland daran zu hindern, sich zusammen mit Österreich auf unberechenbare Wagnisse einzulassen. Im Krimkrieg 1853 bis 1856 wahrte es umsichtig die Neutralität und vereitelte damit die österreichischen Pläne, die deutschen Staaten auf Seiten Frankreichs und Englands in einen Vernichtungskrieg gegen Russland zu führen. Österreich erstrebte darüber Machtgewinn in Deutschland. Die Folgen der preußischen Weigerung, den Leporello des österreichischen Don Giovanni zu spielen, waren für Franz Joseph fürchterlich.

Er hatte sich Russland zum Feind gemacht, ohne Frankreich und England als dauernde Freunde zu gewinnen. Die Deutschen wandten sich von Österreich ab. Nichts fürchteten sie so sehr wie eine Allianz mit Frankreich. Denn der Preis dafür bedeutete Abtretungen am linken Rhein und Mitsprache Frankreichs in Süddeutschland. Selbst ein entschiedener bayerischer Patriot wie Joseph Edmund Jörg zog es unter solchen Möglichkeiten vor, kaiserlich-preußisch statt auf österreichischer Seite etwa wieder französich-deutsch, zum »Rheinbündler« werden zu müssen.

1859 griffen Frankreich und Piemont-Savoyen, seit 1720 wichtigster Teil des Königreichs Sardinien, Österreich in Oberitalien an. Für die Deutschen war es ein Grundsatz, dass der Rhein am Po verteidigt werde, dass Österreich im deutschen Interesse geholfen werden müsse. Die nationalen Leidenschaften flammten auf. Die Preußen sahen nicht ein, warum sie für Österreich am Rhein die Kastanien aus dem französischen Feuer holen sollten, um dann wahrscheinlich keinen Dank zu ernten. Sie stellten wie eh und je ihre deutschen Forderungen. Franz Joseph wollte nicht nachgeben. Er misstraute preußischer Hilfe, weil der Lohn darin bestanden hätte, Preußen einen gleichen Rang in Deutschland zuzubilligen. So verzichtete er lieber auf die Lombardei. Sein Misserfolg und der Erfolg Napoleons III., seit 1852 Kaiser der Franzosen, beunruhigte die liberalen Deutschen. Der »Bruderzwist« musste ein Ende finden, damit Deutschland zur Macht werden konnte.

Wenn es Österreich nicht schaffte, die Deutschen insgesamt um sich zu vereinen, dann sollte es eben Preußen gelingen. Die »Kleindeutschen«, die 1848/49 eine knappe Mehrheit bildeten, umwarben Preußen weiterhin. Wilhelm I., der seit 1859 die Regentschaft für seinen erkrankten Bruder führte und nach dessen Tod 1861 als König regierte, hielt die Zeit für gekommen, »moralische Eroberungen« in Deutschland zu machen. Er ließ die Nationalisten gewähren, allerdings immer mit dem Hintergedanken, Österreich werde unter dem Druck der öffentlichen Meinung einlenken. Franz Joseph, der Österreich indessen eine Verfassung gab und in liberale Bahnen einschwenkte, mobilisierte nun seinerseits die Parteigänger eines großen Deutschland.

Die Berufung Otto von Bismarcks am 23. September 1862 zum preußischen Ministerpräsidenten war alles andere als eine gelungene Werbemaßnahme für Preußen. Er galt als finsterer Reaktionär, von dem selbst Friedrich Wilhelm IV. einmal gesagt hatte, dass er nur zu gebrauchen sei, wenn die Bajonette schrankenlos herrschten. Außerdem hielt Bismarck nichts vom »Nationalitätsschwindel« und spottete über alle, die »vom nationalen Hund« gebissen worden waren. Im Übrigen war er berufen worden, um gegen den störrischen Landtag eine Heeresreform auf Biegen und Brechen durchzusetzen. Preußen befand sich mitten in einer Verfassungskrise, die seinem Rufe unter den Liberalen schadete, gerade als Österreich sich liberalisierte.

Gegen eine Heereserweiterung war an und für sich nichts einzuwenden. Seit 1820 wurde die Armee aus Kostengründen in einer reduzierten Stärke unterhalten, die für eine Großmacht gerade noch vertretbar war. Nur ein Drittel der Wehrpflichtigen konnte überhaupt eingezogen werden. Neben den Linientruppen gab es die Landwehr als Reservetruppe. In ihr dienten vorzugsweise die Bürger, die »Einjährigen«, die auf Grund ihrer Schulbildung der zweijährigen Dienstpflicht enthoben waren. Die Landwehr mit ihrer eigenen, vom Heer weitgehend abgelösten Struktur galt Liberalen als das eigentliche Volksheer, die Verkörperung der Idee vom Volk in Waffen. Sie sollte zum Vorteil des Heeres zurückgestuft werden.

Das berührte einen empfindlichen Punkt der bürgerlichen Wehrgesinnung. Das Entscheidende blieb aber, dass der König vom Landtag die pauschale Bewilligung der für die Reform notwendigen Gelder verlangte, ihm eine Mitsprache bei den Details der Reform jedoch verweigerte. Der König wollte kein »parlamentarisches«

Heer. Der Landtag beanspruchte Kontrolle, also die Einfügung der Armee in die Verfassung, und die daraus resultierenden parlamentarischen Rechte. Aus einer unter Umständen pragmatisch zu lösenden Frage entwickelte sich ein Grundsatzstreit, ob das Parlament oder die königliche Regierung der staatliche Souverän sei. Die königliche Regierung leitete die Reform ein, obwohl das Parlament die Gelder verweigerte und den vorgelegten Staatsetat verwarf.

Die Regierung handelte verfassungswidrig, berief sich aber auf Bismarcks Anraten auf eine Lücke in der Verfassung. Es war tatsächlich nicht klar bestimmt, was zu geschehen habe, wenn sich Regierung und Parlament nicht über den Staatshaushalt verständigen konnten. Bismarck stellte sich auf den Standpunkt, dass die Regierung berechtigt sei, unter solchen Voraussetzungen ohne Zustimmung des Landtags gemäß ihrer Haushaltsvorlage zu handeln. Dagegen wehrte sich mit überwältigender Mehrheit die Kammer. Wilhelm I. forderte sie zusätzlich heraus, indem er sich am 18. Oktober 1861 als erster König seit Friedrich I. wieder in Königsberg krönen ließ.

Dieser Akt war eine Demonstration, die daran erinnern sollte, dass die Krone, weil unmittelbar von Gott gestiftet, über der Verfassung, dem Geschenk des Königs, stehe. Als erster preußischer König seit Friedrich I. berief sich Wilhelm I. ostentativ auf ein Gottesgnadentum. Seine Vorgänger glaubten wohl daran, aber sprachen nicht davon. So durfte es als Provokation für die Liberalen verstanden werden, eine Provokation, die unter Wilhelm II. zuweilen zu recht barocken Folgen führte.

Der Streit zwischen Parlament und Regierung wurde erst im Herbst 1866 beigelegt. Ganz im Sinne des Erfinders der »Realpolitik«, des früheren liberalen Revoluzzers August Ludwig von Rochau: »Die Politik der Tatsachen stürzt Gewalten; die constitutionelle Verfassungspolitik hingegen hat im wesentlichen nichts anders zu tun, als die vorhandenen Gewalten anzuerkennen und ihnen die Würde des geschriebenen Rechts zu geben.« Bismarck bat den Landtag um Entlastung und erhielt sie. Sein Standpunkt ist heute übrigens gültiges deutsches Recht. Die Regierung vermochte sich durchzusetzen, und das bedeutete für die Zukunft, dass das Heer in der bürgerlichen Gesellschaft eine Sphäre für sich bildete.

Die Armee konnte später wohl den Bürger erfassen, aber der Bürger vermochte sie nicht zu durchdringen. In einem anderen Sinne als Gneisenau und Scharnhorst es meinten, wurde sie zur Schule der Nation. Allerdings darf nicht übersehen werden, dass der Bürger früher auch nicht sonderlich danach strebte, in der Armee Karriere zu machen. Er betrachtete sie als seinen praktisch-gewerblichen oder geistig-ideellen Absichten wesensmäßig fremd, weshalb er sie dem Adel und dessen Lebensformen überließ. Erst spät, zu spät wollte er sich stürmisch in sie integrieren und als Reserveoffizier der Vorstellung vom »Bürger in Uniform« genügen. So wurde er zum »uniformierten« Bürger, der stolz darauf war, auch in des Königs oder Kaisers Rock dem ungedienten Zivilisten überlegen zu sein.

Mit zwei kurzen und erfolgreichen Kriegen besiegte Bismarck die allgemeine, ihm feindliche Stimmung während des Verfassungskonflikts. Weder der Krieg gegen Dänemark 1864 noch der Krieg gegen Österreich und die Mehrheit der deutschen Fürsten 1866 entsprach den Vorstellungen der Nationaldeutschen. Es waren reine Kabinettskriege, ohne Rücksicht auf das nationale Empfinden, das sich zu seinem Erstaunen anschließend voll bestätigt sah. Den dänischen Krieg konnten die Preußen zusammen mit den Österreichern gewinnen, weil sie ihn im Namen internationaler Abkommen führten, die dem deutschen Nationalismus gleichgültig waren. Der Krieg gegen Österreich war als »Bruderkrieg« selbst vielen Preußen ärgerlich. Bismarck ließ sich vom heftigen Widerstand nicht beeindrucken. Ihn unterschied von den aufgeregten Deutschen, dass er die deutsche Frage als eine europäische begriff, die nur im Zusammenhang des – allerdings aus den Fugen geratenen – Staatensystems gelöst werden konnte.

Preußen unterhielt im Gegensatz zu Österreich mit allen Großmächten entspannte Beziehungen. Das preußisch-russische Verhältnis wurde sogar wieder sehr freundlich, weil Bismarck jede Einmischung während des Aufstands der russischen Polen 1863 unterließ, ja preußische Hilfe anbot, sofern sie erwünscht sei. Engländer, Franzosen und deutsche Liberale bekundeten einen lautstarken Enthusiasmus für die Rebellen, dem sich Franz Joseph anschloss, um die Sympathien der Liberalen von Preußen weg auf Österreich zu lenken. Der russische Kaiser war entrüstet. Franz Joseph hatte einmal mehr Russland empfindlich verletzt und sich jede russische Unterstützung verscherzt, ohne der der Westmächte sicher zu sein.

Napoleon III. förderte die italienische Einheitsbewegung gegen Österreich und war daran interessiert, dass Preußen Österreich jede Hilfe versagte. Die Engländer wünschten zwar ein freies, einiges Italien. Aber sie misstrauten Napoleon und vermuteten nicht zu Unrecht, dass er auf den Erwerb Belgiens spekuliere. Nur die preußische Armee konnte die Unabhängigkeit Belgiens vor Übergriffen schützen, also empfahl sich ein gutes Einvernehmen mit Preußen, um es davon abzulenken, sich mit den Franzosen zu einigen. Kurzum: Keiner traute dem anderen, und Preußen war der Umworbene. Bismarck hatte, verglichen mit Österreich, die besseren Karten.

Es wäre eine Übertreibung zu behaupten, er hätte ein Konzept zur deutschen Einigung besessen. Er sah Preußens Vorteile, und die wollte er nutzen. Sein Ziel war das herkömmlich beschränkte: Gleichberechtigung mit Österreich im Bund, was er sich als friedlichen Dualismus vorstellen konnte. Ihm schien es im günstigen Moment nicht allzu verwegen, bei großen österreichischen Verlegenheiten wegen Italien in Richtung Süden mit Grenzpfählen im Tornister aufzubrechen, um sie dort einzuschlagen, wo das großdeutsche Bekenntnis nicht mehr überwog. Er war auf nichts festgelegt. Mit oder gegen Österreich, das war eine Frage der allgemeinen, schwankenden Konstellationen.

Sein berühmt-berüchtigtes Wort im Streit um die Heereserweiterung von 1862, dass nicht Mehrheitsbeschlüsse, sondern »Eisen und Blut« die großen Fragen der Zeit entschieden, enthielt kein Programm. Mit diesem Schlagwort erinnerte er lediglich die Liberalen an ein Lied aus dem Befreiungskrieg, der als Volkskrieg zu ihren feierlichen Mythen gehörte: »Denn nur Eisen kann uns retten,/und erlösen kann nur Blut/von der Sünde schweren Ketten,/von des Bösen Übermut.« So hatten die Liberalen selber gesungen, als sie jung waren, als Burschenschafter und politisch verfolgt.

Doch abgesehen von dem rhetorischen Trick: Die Deutschen feierten die italienische Einheitsbewegung, die mit Blut und Eisen seit 1859 ihr Ziel verfolgte. Sie begeisterten sich für polnische Freiheitshelden, die Blut und Eisen nicht verschmähten. Die Nordstaaten in Amerika glaubten sich zu dieser Zeit im Recht, mit Blut und

Eisen die Südstaaten in die Einheit zu zwingen. Alle großen Fragen der Zeit wurden unter dieser Devise entschieden.

Bismarck scheute vor Krieg nicht zurück, aber nur, sofern das Risiko, ihn zu verlieren, sich in Grenzen hielt. Seine Kriege waren geschickte Improvisationen, die es ihm wegen der Uneinigkeit der Europäer untereinander erlaubten, ein deutsches Reich zu gründen, an das er 1862 gar nicht denken konnte. Er besaß einen ungemeinen Scharfsinn, in allen Plänen Schwierigkeiten und Gefahren zu entdecken. Weil er die Wirklichkeit für schwierig und unübersichtlich hielt, wagte er nur etwas, wenn er glaubte, auch aus kompliziertesten Situationen heil herauszufinden. Die Sorge verließ ihn nie, dass unterschätzte Faktoren eine plötzliche Macht oder Übermacht gewinnen könnten. Politik war für ihn eine Kunst des Möglichen, die aber eine technisch-virtuose Berechnung vieler Möglichkeiten voraussetzte.

Bismarck gab Österreich die Schuld, dass es aus Deutschland hinausmanövriert werden musste. Mit dem Frieden von Prag am 23. August 1866 erlosch der Deutsche Bund. Preußen erweiterte sich um Schleswig-Holstein, Hannover, Kurhessen und Frankfurt. Es verfügte über kompakte Grenzen. Als norddeutsches Königtum stand es gleichberechtigt neben Österreich, das nun allerdings keine deutsche Macht mehr war. Aber auf diesem Höhepunkt beginnt auch der Abschied von Preußen. Österreich hatte sich von jetzt an mit Ungarn zu arrangieren, Preußen mit Deutschland. Vorerst nur mit Norddeutschland, denn es schloss 1867 um sich herum einen Norddeutschen Bund mit den kleinen Staaten, die jenseits des Mains noch unabhängig geblieben waren.

Ein Ausgreifen über den Main hinaus hätten Frankreich und Russland damals noch verboten. Die süddeut-

DÄNEMARK
Nordsee
Schleswig
Helgoland
Holstein
Hamburg
Oldenburg
Bremen
Hannover
NIEDERLANDE
Lippe
Waldeck
Brüssel
BELGIEN
Köln
Rhein
Thüring. Staaten
Hessen
Koblenz
Mosel
Frankfurt
Main
LUX.
Trier
Saarbrücken
Württemberg
Elsass-Lothringen
Hohenzollern
Baden
FRANKREICH
München
Basel
SCHWEIZ
ITALIEN

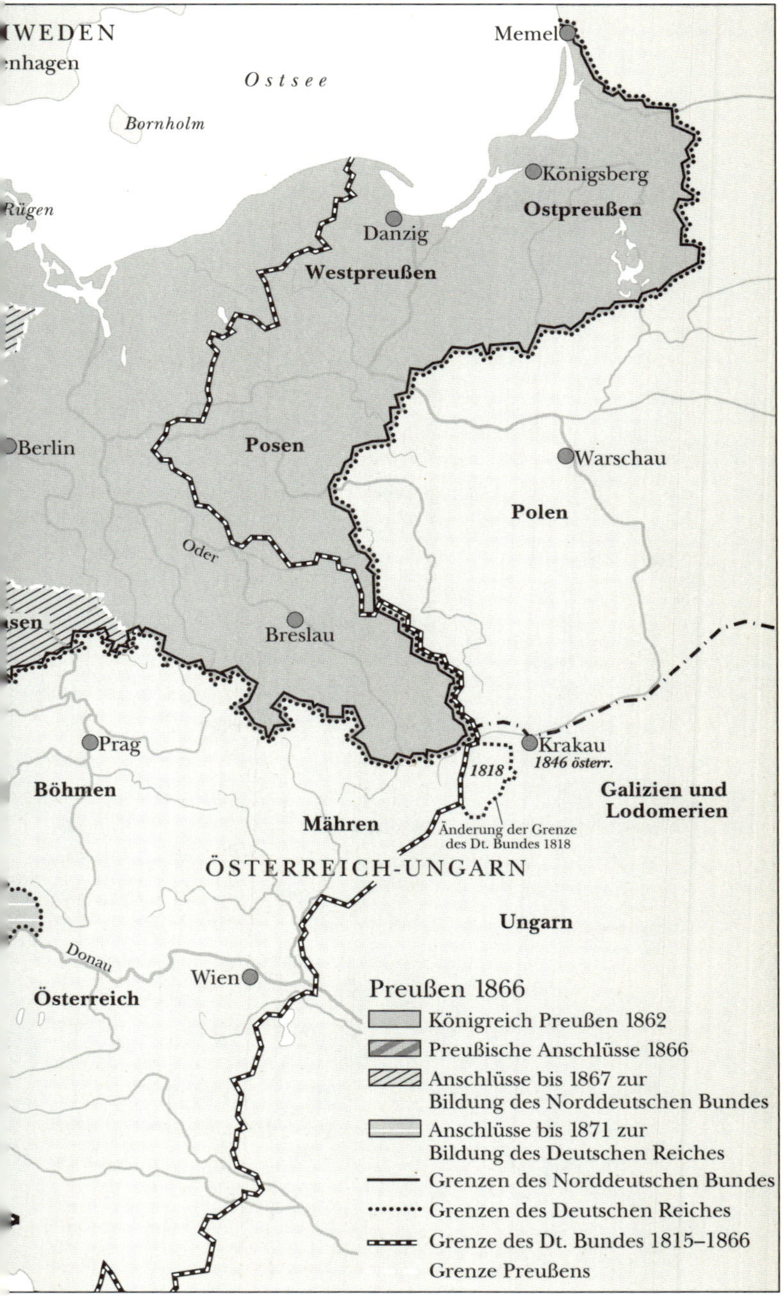

WEDEN
nhagen
Ostsee
Bornholm
Memel
Königsberg
Ostpreußen
Rügen
Danzig
Westpreußen
Berlin
Posen
Warschau
Polen
Oder
sen
Breslau
Prag
Krakau
1846 österr.
1818
Böhmen
Galizien und
Lodomerien
Mähren
Änderung der Grenze
des Dt. Bundes 1818
ÖSTERREICH-UNGARN
Ungarn
Donau
Wien
Österreich
Preußen 1866
Königreich Preußen 1862
Preußische Anschlüsse 1866
Anschlüsse bis 1867 zur
Bildung des Norddeutschen Bundes
Anschlüsse bis 1871 zur
Bildung des Deutschen Reiches
Grenzen des Norddeutschen Bundes
Grenzen des Deutschen Reiches
Grenze des Dt. Bundes 1815–1866
Grenze Preußens

schen Staaten schlossen allerdings Verteidigungsbündnisse mit dieser neuen Gestalt im deutsch-politischen Leben ab, von der keiner genau wusste, ob sie deutsch oder preußisch war. Bismarck legte sich nicht unbedingt fest. Ihm genügte, dass Süddeutschland bei Auseinandersetzungen mit Österreich oder Frankreich unbedingt auf preußische Hilfe angewiesen war. Wer Schutz gewährt, darf erwarten, dass seiner Politik nicht grundsätzlich widersprochen wird. Damit begnügte sich Bismarck vorerst. Österreich, obwohl im Prager Frieden sehr schonend behandelt, glaubte freilich, diesen Vertrag bei der ersten sich bietenden Gelegenheit wieder brechen zu müssen. Es sann auf Revanche und wollte, wenn erfolgreich, Preußen wie im Siebenjährigen Krieg wieder auf einen »Mittelstaat« reduzieren, auf jeden Fall Schlesien zurückgewinnen.

Napoleon III. mochte sich nicht damit zufrieden geben, Preußen vergrößert zu sehen, ohne für Frankreich »Kompensationen« zu erhalten. Diese suchte er an der Saar, in Luxemburg oder Belgien. Bismarck fürchtete ein österreichisch-französisches Bündnis. Einem Krieg mit Napoleon wollte er ausweichen oder ihn zum günstigsten Zeitpunkt beginnen. Das hieß, Frankreich und Österreich nicht nur auseinander zu halten, sondern international überhaupt zu isolieren. Als die Spanier den Prinzen Leopold aus der schwäbischen Linie Hohenzollern-Sigmaringen 1870 zu ihrem König bestimmten, sah sich Frankreich »eingekreist« und beschwor das Schreckgespenst eines neuen deutsch-spanischen Reiches wie unter Karl V. Es wollte diesen fiktiven Ring durchbrechen und möglichst mit Österreich zusammen die deutsche und europäische Landkarte neu entwerfen.

Napoleon III. und Franz Joseph vermuteten, dass die süddeutschen Staaten, des »preußischen Joches«

überdrüssig, sich ihnen bereitwillig anschließen würden. Sie hatten sich verrechnet. England war der französische Ehrgeiz verdächtig, weil es unbedingt die Selbständigkeit Belgiens erhalten wissen wollte. Russland war ohnehin mit allem einverstanden, was Österreich Nachteile brachte, und Italien befand sich in erheblichen Missverständnissen mit Napoleon III., weil er Rom, die Stadt des Papstes, vor den italienischen Truppen beschützte. Bei Ausbruch des Krieges im August 1870 stand Frankreich allein. Denn Österreich wollte erst abwarten, wie der Krieg sich entwickelte, bevor es in ihn eintrat. Die raschen Siege der preußischen und deutschen Truppen überzeugten Franz Joseph davon, dass er in diesem Krieg nichts zu gewinnen habe und Deutschland ihm endgültig als Schauplatz für politische Kunststücke versperrt sei.

Am 18. Januar 1871, am Tag der Krönung Friedrichs I., wurde im Spiegelsaal in Versailles Wilhelm I. zum »Deutschen Kaiser« proklamiert – nicht zum Kaiser von Deutschland, um Assoziationen zu vermeiden, dass Deutschland preußischer Besitz sei. Bismarck wollte den Süddeutschen den Beitritt zum Reich so leicht wie möglich machen. Der Name Deutschland wurde überhaupt vermieden. Es gab nun ein »Deutsches Reich« als Union seiner Fürsten. Preußen, das darin dominierte, sollte sein Übergewicht nicht allzu forsch betonen. Das verletzte Wilhelm I., der mit seinem neuen Titel wenig anzufangen wusste und gar nicht verbarg, dass er sich »nicht ein Haar breit daraus mache und nur zu Preußen halte«. Aber er nahm an, sein Sohn und Enkel würden das »gegenwärtig hergestellte Reich zur Wahrheit machen«.

Einen König von Preußen gab es noch. Aber genaugenommen war er jetzt Präsident und ausführendes

Organ eines Bundesrats. Er musste seine Souveränität mit der seiner Bundesmitglieder teilen. Wilhelm I. war mehr und weniger zugleich: ein Fürst unter Fürsten, deren Gesamtwillen er repräsentieren und mit Hilfe des Kanzlers verwirklichen sollte. Bismarck, der für die Verfassung des Reiches verantwortlich war, verlegte die Souveränität bewusst in den Bundesrat. Alle Fürsten zusammen, die jeweils an Selbständigkeit verloren, sollten in der gemeinschaftlichen Souveränität Ersatz für ihre Einbußen finden. Der König von Preußen vollstreckte über den Kanzler ihren gemeinsamen Willen.

Mit dieser künstlichen oder kunstvollen Konstruktion umging Bismarck all die Diskussionen, die während der Revolutionszeit und davor die Diskussion um Preußen und Deutschland belastet hatten. Zwei Parlamente können sich nicht im Wege stehen, wenn die höchste Entscheidungsgewalt beim fürstlichen Bundesrat liegt, als dessen Sprecher der Kanzler auftritt. Die Einheit stiftet nicht das Parlament, sondern der Fürstenbund. Deshalb ist der Kanzler auch nicht dem Reichstag verantwortlich. Dennoch hatte der Schwierige, der alle Schwierigkeiten überdachte, in den monarchischen Pelz eine demokratische Laus gesetzt: einen Reichstag, der sich nach dem allgemeinen, gleichen und geheimen Wahlrecht zusammensetzte.

Bismarck vermutete anfänglich im Reichstag den unmittelbaren Ausdruck der nationalen Einheit, der die Fürsten von partikularistischen Eigenwilligkeiten abhalten sollte, also auch seinen preußischen König. Das preußische Dreiklassenwahlrecht hingegen hielt er für eines der denkbar schlechtesten. Aber er hob es nie auf, weil er damit in Preußen allmählich Mehrheiten erhielt, mit denen sich auskommen ließ. Im Sinne seiner Gleichgewichtspolitik brauchte er Gewichte und Gegengewichte, um mit ihnen eine ständig modifizierbare Bewegung in angemessenen Schranken zu halten. Mit der Reichseinigung fand eine Entwicklung ihren Abschluss, die 1848 revolutionär begonnen hatte. Bismarck fand den Kompromiss, den damals wohl einzig möglichen, zwischen Eigenstaatlichkeit, Fürsten, den Parlamenten und dem sie überwölbendem Reich.

Ein Kompromiss, der es auch Preußen erlauben sollte, sich in das Reich einzugewöhnen. Er hing stets der Meinung an, dass der Egoismus unter Individuen und Staaten seine Grenzen kennen müsse. Ein preußisches Reich deutscher Nation lag deshalb ganz außerhalb seiner Spekulationen.

Die allmähliche Eroberung Preußens durch Deutschland

Bismarck bemühte sich, jeden »schwarz-weißen Anstrich« des Reiches zu vermeiden, um gar nicht erst die Idee eines Großpreußen aufkommen zu lassen. Auch die nationale Idee versuchte er in Schranken zu halten, indem er bewusst die Deutschen in Österreich aufforderte, sich als Österreicher zu verstehen. Einen über die Grenzen des Reiches hinausgreifenden Nationalismus betrachtete er als Gefahr für Europa wie für das junge Reichsbewusstsein. Die deutsche Nation schien ihm im Reich vollendet. Er dachte staatlich und nicht national im Sinne sprachlich-volkhafter Zusammenhänge. Das Reichsbewusstsein sollte seine Grundlage in den deutschen Staaten haben. Insofern gab es vorerst kaum nationale Symbole, keine Nationalhymne, keine Nationalflagge oder offizielle Nationalfeiertage.

Das einzige anschauliche Symbol der Einheit war der Kaiser, staatsrechtlich sehr unanschaulich »das Präsidium des Bundesrates« genannt. Ein Präsidium weckt nicht unbedingt Enthusiasmus. So wurde der Kaiser allmählich zum nicht unproblematischen Symbol des Reiches. »Er kann nicht Beamter sein wie der Präsident einer Republik, weil er Mitsouverän ist, und er kann nicht Monarch sein, weil er nicht alleiniger Souverän ist«, wie der Staatsrechtler Paul Laband das Dilemma beschrieb. Der König von Preußen in ihm sollte nicht überwiegen, aber eine ungewohnte Kaiserherrlichkeit wünschten wiederum Preußen nicht.

Sie fürchteten das Großdeutsche im Kaiserlich-Königlichen. Überhaupt waren ihnen Erinnerungen an das alte Reich und Kaisertum unbequem oder unheimlich. Solchen historischen Schmuck überließen sie gern den Österreichern; er passte nicht ins rationale Preußen. Gustav Freytag schien es angemessener, wenn die Hohenzollern den Kaisermantel wie einen Offiziersüberrock trugen, »den sie im Dienst einmal anziehen und wieder von sich tun«. Der liberale Bürger fand im Helm die eigentliche Krone des Königs und Kaisers. So waren es gerade Nationalliberale, die in der schimmernden Wehr, die angeblich das Reich geschaffen hatte, dessen mächtigstes Symbol sehen wollten. Noch gab es allerdings kein deutsches Heer, sondern nur ein Heer des preußischen Königs und seiner Verbündeten im Reich.

»Heerkönig« war der deutsche Kaiser nur als preußischer König, für das Reich war der Kaiser in dieser Funktion nicht vorgesehen. Mochte Heinrich von Treitschke geistreich das alte Reich als die zerfallende, das neue Reich als die werdende nationale Monarchie definieren, geriet er mit den Preußen, den übrigen Deutschen und der Reichsverfassung in Widerspruch. Denn das Reich war eben keine nationale Monarchie und sollte auch nie eine werden. Ob dieser Bundesstaat oder Staatenbund überhaupt als Nationalstaat zu begreifen sei, darüber ließ sich trefflich streiten. Immerhin fassten die Deutschen umgangssprachlich das Reich als Deutschland auf, als Nation und in gewisser Weise als Nationalstaat.

Wer sich nicht »national« verhielt, der musste sich sagen lassen, ein »Partikularist« zu sein. Da der liberale Nationalismus in Preußen am schwächsten entwickelt war, durften vor allem dort partikularistische Stimmungen vermutet werden. Sie waren auch unüberhörbar. Der preußische Partikularismus, den Bismarck für den schlimmsten Feind des Reiches hielt, wurde aber im föderalistischen Reich nicht als Verbündeter anderer Versuche, Reste von Selbständigkeit zu pflegen, geschätzt. Denn er galt wegen der Größe Preußens als Gefahr. Preuße zu sein und zugleich Deutscher ähnelte der Quadratur des Kreises. Gebärdete sich ein Preuße zu national, bedrohte er die Deutschen mit »Borussifizierung«. Zog er sich auf sein »Preußentum« zurück, störte er das Einheitsverlangen und geriet erst recht in den Verdacht, die Deutschen majorisieren zu wollen.

Es verschaffte den Preußen keine große Erleichterung, dass der Reichskanzler gleichzeitig preußischer Ministerpräsident war. Das verpflichtete sie dazu, ihn und den Kaiser als ihren König im Bundesrat zu unterstützen. Sie verfügten in diesem Gremium über weniger Bewegungsfreiheit als die anderen Staaten. Jeder Kanzler musste, weil dem Bundesrat verantwortlich, selbstverständlich vorzugsweise an die Reichsinteressen denken. Es lag nahe, die preußische Regierung und die Reichsleitung so eng zu verklammern, dass Opposition im preußischen Landtag überspielt oder unschädlich gemacht werden konnte. Die preußische Regierung war nicht dem Landtag verantwortlich, sondern dem König. Sie konnte kräftig Sand ins Getriebe streuen, aber ließen sich ihre Vorstellungen nicht mehr mit denen des Kanzlers oder König-Kaisers vereinbaren, mussten Minister aus dem Amt scheiden.

Gehorsam fiel den preußischen Konservativen nie leicht, und nach 1871 nutzten sie die parlamentarischen Möglichkeiten weidlich zur Opposition, selbst wenn sie »Regierungspartei« waren. Konservative mochten den Parlamentarismus verabscheuen, aber sie erkannten rasch dessen Vorzüge für ihre Zwecke. Der preußische Landtag verkörperte das beharrende Prinzip, der Reichstag das bewegende. Nur widerwillig fügte der Landtag sich in die Ausweitung der Reichsbefugnisse, die sich vereinheitlichend und zentralisierend unmittelbar aus der Existenz des Reiches ergab. Wie alle übrigen Bundesstaaten trat auch Preußen in den Schatten des Reiches. Alle wichtigen Gesetze waren Reichsgesetze, und das preußische Recht musste sich ihnen angleichen.

Nur ungern fügten sich die Konservativen in den »Kulturkampf« Bismarcks, der als einer der großen Skandale der preußischen Geschichte betrachtet wird. Bismarck störte die Unfehlbarkeitserklärung des Papstes im Sommer 1870 nicht sonderlich. Ja, im Herbst 1870 bot er nach der Besetzung Roms durch italienische Truppen dem Papst sogar Asyl in Berlin an. Was ihn ärgerte, das war die katholische Zentrumspartei, die mit 63 Abgeordneten im März 1871 in den Reichstag einzog. Im »politischen Katholizismus« witterte er eine Gefahr. Die Katholiken hatten am beharrlichsten eine Anhänglichkeit an Österreich bewiesen. Das katholische Österreich aber war nach Bismarcks Ansicht noch nicht frei von Revanchestimmungen, denen es sofort nachgeben würde, käme es im besiegten Frankreich zu einer Restauration der Bourbonen und einer klerikalen Partei. Dann glaubte er sich auch der deutschen Katholiken nicht mehr sicher sein zu können.

Das Zentrum war so unbedacht, sofort zu beantragen, dass die Rechte, die in Preußen der katholischen Kirche zugestanden worden waren, auf das ganze Reich ausgedehnt würden. Preußen hatte der katholischen Kirche eine Unabhängigkeit in ihrer Selbstverwaltung eingeräumt, die sie in keinem katholischen Staat besaß. Der Grundsatz von der »freien Kirche im freien Staat« war anerkannt und praktisch umgesetzt worden. Bismarck wünschte nicht, die Reichsgründung mit einer Religionsdebatte zu belasten. Es bestand gar keine Aussicht, etwa Bayern zu überreden, die großzügigen Regelungen Preußens zu übernehmen.

Das Zentrum wurde störrisch und reizte damit Bismarck, der nun zu der Überzeugung gelangte, diese »Reichsfeinde« unschädlich machen zu müssen. Gesetze wie der »Kanzelparagraph« von 1871 und das Verbot des Jesuitenordens 1873 wurden vom Reichstag beschlossen. Die liberale Mehrheit begrüßte einen Kulturkampf, um »frei von Rom« zu werden und dem Kulturprotestantismus als fortschrittliche Lebens- und Denkform eine Bresche zu schlagen.

Im preußischen Landtag hingegen stieß der Kulturkampf auf ziemlichen Widerwillen. Nur ungern ließ man sich von Reichs wegen in die preußische Verfassung und deren Bestimmungen hineinreden. Aber die antikatholischen Gesetze, mit denen die Rechte der Kirche aufgehoben wurden, betrafen auch evangelische Interessen. Die Aufhebung der Konfessionsschule und die Einführung der Zivilehe verletzten lutheranisch-konservative Vorstellungen vom christlichen Staat. Mit äußerstem Verdruss folgten die preußischen Konservativen einer für ihr Verständnis unchristlichen Politik. Schließlich waren bald tausend Pfarreien verwaist, weil widerspenstige Priester ihres Amtes enthoben wurden. Bismarck konnte den Katholizismus nicht brechen. Im Gegenteil, er trieb auch die lauesten Katholiken in entschlossenen Widerstand und ins Zentrum.

Der Kulturkampf zwischen 1871 und 1878 hatte der Partei nur genutzt. Gegen sie ließ sich nicht regieren und ohne sie alsbald auch nicht. Ab 1878 normalisierten sich in manchen Rückzugsgefechten die Beziehungen zwischen Preußen, dem Reich und der Kirche. Das Ergebnis der Auseinandersetzungen war allerdings, dass Bismarck den politischen Katholizismus auf sehr fragwürdige Bahnen zwang, nämlich für politische Zugeständnisse im Gegenzug religionspolitische zu erwarten. Das begann mit den Sozialistengesetzen von 1878. Die Erfahrungen im Kulturkampf brachten Bismarck nicht von der Annahme ab, mit Ausnahmegesetzen politischer Gegner Herr werden zu können. Die Preußen mussten sich diesen Reichsgesetzen fügen.

Es fiel ihnen diesmal nicht besonders schwer. Der Sozialismus verkörperte für einen preußischen Konservativen alles, was er als verderblich erachtete: Demokratie, Ausbeutung der Besitzenden, Eigennutz und Gottlosigkeit. Sie waren nicht die Einzigen im Reich, die bis 1890 den Kampf gegen den Sozialismus energisch begrüßten. Aber an ihnen blieb dieser Makel besonders haften. Denn der Antisozialismus der preußischen Konservativen war allzu unverblümt mit ihren landwirtschaftlichen Interessen verknüpft. Außerdem beschlossen sie ab 1893, demagogisch zu werden. Sie gründeten den Bund der Landwirte und mobilisierten die Bauern. Das nannten sie ungeschminkt »unter die Sozialdemokraten gehen und ernstlich Front gegen die Regierung machen«. Sie legten sich dauernd quer und wurden zum nationalen Ärgernis.

Sie verfochten mit Vehemenz ihren Klassenstandpunkt. Das konnten ihnen Nationalliberale energisch vorwerfen, um davon abzulenken, wie unverhohlen wiederum sie ihren Klassenstandpunkt vertraten. Allerdings glaubten Industrielle und Unternehmer, für Fortschritt und Modernisierung einzutreten, wenn sie sich gegen Sozialisten und Agrarier wandten. Preußische Konservative sahen im hemmungslosen Kapitalismus eine Gefahr. Im Sozialismus vermuteten sie keinen Verbündeten, der galt ihnen nur als Bastard des Liberalismus. Als landwirtschaftliche Unternehmer dachten sie selbstverständlich gewinnorientiert.

Jeder Angriff aufs Kapital war dann auch ein Angriff auf ihre Kapitalien. So blieb ihnen gar nichts anderes übrig, als immer neue Kompromisse mit dem industriellen Nationalliberalismus zu schließen. Das war für beide Seiten lästig, aber es funktionierte. Adel und Bürgertum als die Repräsentanten von Besitz und Bildung verschmolzen zu einer Symbiose und Interessengemeinschaft. Dass die Landwirte, die zur Hälfte gar keine »Junker« mehr waren, sich gegen eine Bevorzugung der Industrie wehrten, ist allerdings kein spezifisch preußisches Phänomen. Auf dem Kontinent suchten überall die ländlichen Großproduzenten zusammen mit den Bauern ihren Vorteil mit oft drastischen Mitteln, und sie suchen ihn in der Europäischen Union erfolgreich weiterhin.

Wegen des Kulturkampfs und der Sozialistengesetze geriet Preußen dauerhaft in den Ruf, ein repressiver Staat zu sein, obschon Preußen über das Reich in beide Auseinandersetzungen hineingezogen wurde. Sein Dreiklassenwahlrecht, das Besitz und Bildung privilegierte, empfand man im Reich zunehmend als Anachronismus und unhaltbar. Die Reichsleitung, selber immer stärker von parlamentarischen Kompromissen abhängig, sah sich außer Stande, eine Änderung zu erzwingen. Es blieb bis in den Oktober 1918 erhalten.

Doch es lag nicht nur an den Konservativen, wenn der preußische Landtag sich beharrlich einer Reform verweigerte. Auch die Nationalliberalen und das Zentrum bangten als glückliche Besitzer von Privilegien um die Vorteile, die das ungerechte Wahlsystem ihnen bescherte. Zumal in den Kommunen wäre das liberale Stadtregiment zusammengebrochen. Das Dreiklassenwahlrecht ermöglichte die glänzende Epoche der Bürgermeister in Preußen. Sie verschönerten im Geschmack ihrer Zeit nicht nur die Städte. Sie versahen sie mit einer »Infrastruktur«, die vorbildlich wurde.

Der unzulängliche Parlamentarismus in Preußen behinderte im Übrigen nicht den Ausbau der kulturellen Einrichtungen. Die Ausgaben für Bildungseinrichtungen entsprachen in ihrer Höhe fast denen für das Militär. Berlin, die preußische und nebenbei – und kaum auffällig – die deutsche Hauptstadt, kündete unübersehbar mit den Museen, der Staatsoper, dem Schauspielhaus am Gendarmenmarkt, mit der Technischen Hochschule, der Charité und zahllosen weiteren Institutionen vom Rang des »geistigen Preußen«. Die Stadt ergänzte die staatlichen Bemühungen, und mit Stadt und Staat traten private Förderer in Wettbewerb. Das preußische Berlin entwickelte sich zu einer Stadt von europäischer Bedeutung. Die Kulturverwaltung war liberal, wie überhaupt der Liberalismus, wird er nicht eng dogmatisch gefasst, die Verwaltung prägte, die Hüterin des Rechtsstaats und eines Kulturprotestantismus, der seine Verbindung zum Liberalismus als Lebensgefühl nicht verleugnete.

Allerdings machten sich die Spannungen zwischen preußischer Staatlichkeit und deutscher Nationaliät unter Wilhelm II. immer deutlicher bemerkbar. Er wollte nun tatsächlich Kaiser sein, ununterbrochen mit kaiserlichem Glanz die konstitutionelle Bedeutungslosigkeit seines Amtes überspielen. Das »Volk« wollte es so. Es verlangte nach einem personifizierten Symbol der Einheit, nach einem Reichsmonarchen. Wilhelm II. kam solchen Wünschen nur allzu gern nach. Sie entsprachen ganz seinen Vorstellungen. Ein Reich ohne Kaiser wäre fast wie ein Rumpf ohne Kopf gewesen. Der Liberale Friedrich Naumann erhoffte sich vom deutschen Kaisertum die verjüngende

Kraft, die industrielle Aristokratie und Demokratie versöhnt und deren Verschmelzung demonstrativ veranschaulicht. Das schloss aber ein, sich zu »entpreußen«, aus der preußischen Vergangenheit herauszutreten, um einer deutschen Zukunft sich zu öffnen.

Damit waren Wilhelm II. und die Preußen jedoch überfordert. Was blieb dann noch von Preußen? Seit 1892 gab es die Flagge schwarz-weiß-rot als Nationalfahne. Seit 1897 mussten alle deutschen Soldaten die dreifarbige Kokarde neben der landesfürstlichen tragen. Auch die Armee war damit zu einer deutschen geworden, zum Wahrzeichen der errungenen Einheit. Eine preußische Armee gab es im eigentlichen Sinn nicht mehr. Mochte der Kaiser in deutsch-bürgerlichen Kreisen auch Anerkennung finden – der preußische Adel wahrte Distanz. Er vermisste den preußischen König in ihm. Staatsnation und deutsches Volk durchsäuerten nun auch die herkömmlichen Vorstellungen vom preußischen Staat und dem dazu gehörenden Staatsvolk. Das belastete das Verhältnis zu den Polen.

Bislang waren sie bereit, vorerst als loyale Preußen zu leben, ganz im altpreußischen Sinne, wonach ohne Rücksicht auf die Sprache oder Volkszugehörigkeit jeder, der zur Staatsbevölkerung gehörte, Preuße war. In dieser Bedeutung sprach Bismarck noch ganz selbstverständlich vom preußischen Volk. Jetzt wurden deutsche Volkstumsfragen nach Posen hineingetragen. Nicht Preußen, sondern Deutsche standen Polen gegenüber und verlangten, dass sich die Polen »eindeutschten«. Der national-neutrale preußische Staat wandelte sich unter dem Druck des Nationalismus zu einem »deutschen« Staat. Ein vorrevolutionäres Erbe, mit der Idee des Staates verbunden, wurde leichtsinnig verscherzt. Der preußische Staat fiel der deutschen Nation zum Opfer.

Nicht sofort, aber allmählich. Der für Liberale so reaktionäre preußische Adel, der die Staatsvernunft schwinden sah, resignierte vor diesen Bewegungen. Der Erste Weltkrieg mit seinen ungeheuren Zentralisierungsschüben brachte Preußen endgültig um jede Bedeutung. Es stand ganz einfach allen Organisatoren im Weg. Den Weltkrieg mochte Deutschland verloren haben, dafür war Preußen erobert. Als einziger deutscher Staat bot im Dezember 1919 die preußische Landesversammlung die Auflösung des Staates an, dem sie eine Verfassung geben sollte. Es schien ihr das Beste, um alle Kräfte in einem Einheitsstaat sammeln zu können. Es gab genug andere Überlegungen ähnlicher Art. Ein demokratischer Volksstaat verlangt in letzter Konsequenz nach solcher Vereinheitlichung. Freilich lehnten die anderen deutschen Staaten es ab, dem preußischen Beispiel zu folgen.

Außerdem erschien es aus nationalen Erwägungen jetzt unpassend, Preußen aufzuteilen. Denn bei der Unsicherheit in der unmittelbaren Nachkriegszeit war es gar nicht ausgeschlossen, dass Teilstaaten des ehemaligen Preußen sich dem Reich entfremdeten. Neue Rheinbundstaaten etwa an der Grenze zu Frankreich, mit denen Konrad Adenauer kokettierte, wollte man unter keinen Umständen dulden. Nicht um seiner selbst willen, zum Schutz des Reiches konnte Preußen überleben.

Überraschenderweise wurde gerade Preußen zum beruhigenden Element in der deutschen Demokratie nach 1918. Es konnte unter dem Ministerpräsidenten Otto Braun dazu werden, weil dieser ostpreußische Sozialdemokrat die Vorzüge eines klassischen Verwaltungsstaates zu schätzen und zu nutzen wusste. Autorität schreckte ihn nicht. Die SPD als preußisch disziplinierte Partei hat nie behauptet, dass Demokratie und Autorität sich widersprechen müssten. Otto Braun nahm das praktische Instrument der preußischen Verwaltung in seine machtbewussten Hände. Unwillige oder vielleicht unzuverlässige Beamte wurden ausgetauscht.

Im Großen und Ganzen bewahrte er die vorgefundenen Strukturen. Rohe Eingriffe hätten die Funktionstüchtigkeit der Apparate nur gestört. Im Übrigen bestätigte sich, dass preußisches Staatsethos auch in einem ganz anders legitimierten Staat wirksam sein kann. Vorausgesetzt, es handelt sich wirklich um einen Staat, der Staat sein will. Zur Beruhigung aller Beamten brachte Braun sich nicht in Abhängigkeit vom Parlament, obschon er bis 1932 über solide Mehrheiten verfügte. Als »roter Preuße« zog er es vor, mit der Verwaltung zu regieren, ohne sich durch »Parlamentarisieren«, also durch Diskussion allzu sehr dabei aufhalten zu lassen. Preußen bekam das gut. Einen respektableren Posten als den eines preußischen Staatsministers konnte in der Weimarer Republik keiner erreichen.

Reichsminister durften gar nicht erwarten, eine solche öffentliche Anerkennung zu finden, wie sie jedem preußischen Minister zugebilligt wurde, obwohl Preußen in der zentralistischen Republik wenig Einfluss auf das Reich hatte. Aber vielleicht lag es gerade daran. Das Reich erwies sich als schwach, nicht unbedingt die Republik, was der Republik aber schadete. Preußen schien stark zu sein. Der ungemeine Preußenkult in den zwanziger Jahren hängt damit zusammen. Monarchische Reminiszenzen spielten eine geringe Rolle. An Preußen faszinierte das Abstrakte, die rationale Staatlichkeit, die sich offenbar auch mit einem rationalen Sozialismus vereinbaren ließ. Preußen konnte aber auch als Modell für ganz andere, in Europa umstrittene Fragen dienen: nämlich wie sich Autorität und Freiheit, Individualismus und

Genossenschaft, Staat und Volk, Führung und Gefolgschaft miteinander verbinden ließen.

Preußen wurde darüber von einer historisch konkreten Gestalt zu einer reinen Idee, in die sich viele Inhalte gießen ließen, um ihr Substanz zu verleihen. Der königlich-preußische Staat wirkte bei solchen Kombinationen nur als hinderliche und unbequeme Erinnerung. Er wurde historisch, sank in die Vergangenheit hinab, in eine überwundene Vergangenheit. Das Reich, das sich zwischen Nationalsozialisten und Kommunisten nicht geschickt zu verteidigen wusste, beging aus Schwäche ein Attentat auf Preußen und bereitete seinen Selbstmord vor. Am 20. Juli 1932 wurde Preußen einem Reichskommissar unterstellt, weil es angeblich nicht Herr der konkurrierenden Radikalismen sei. Das war eine Ausflucht der Regierung Papen, die glaubte, sie könne, wenn sich Preußen dem Nationalsozialismus gegenüber freundlicher verhalte, diesen domestizieren, zur Vernunft bringen.

Preußen behandelte beide, Kommunisten wie Nationalsozialisten, als Staatsfeinde. Parteimitglieder beider Parteien konnten nicht im öffentlichen Dienst angestellt werden. Die Reichsregierung fand es unerträglich, beide Radikalismen gleichermaßen als staatsgefährend zu behandeln. Die entmündigte Staatsregierung wurde nach einem Prozess vor dem Reichsgericht in Leipzig wieder als geschäftsführend eingesetzt, aber sie blieb auf die Übereinstimmung mit dem Reichskommissar angewiesen. Der Staat Preußen bestand nur noch der Form nach. Im Zuge der Gleichschaltung der Länder nach der »Machtergreifung« durch den Nationalsozialismus gingen alle staatlichen Hoheitsrechte 1934 an das Reich. Preußen mit seinem Ministerpräsidenten Hermann Göring verfügte über keine reale Existenz mehr. Der Tag von Potsdam am 21. März 1933 war ein großes Täuschungsmanöver für den greisen Reichspräsidenten Paul von Hindenburg in der Absicht, ihn von der Übereinstimmung von Preußentum und Nationalsozialismus zu überzeugen.

Eine Geschichte Preußens im nationalsozialistischen Reich gibt es nicht. Der Nationalsozialismus ist rein deutsche Geschichte. Die Preußen, die im Widerstand waren und nach dem 20. Juli 1944 hingerichtet wurden, handelten als Deutsche. Sicherlich im Bewusstsein preußischer Traditionen, die sie nun aber als deutsche verstanden wissen wollten. Für sie war Preußen in Deutschland aufgegangen. Preußen war nur eine Erinnerung und wahrscheinlich nicht einmal die wichtigste, weil sie sich um die Ehre und den geschändeten Namen Deutschlands sorgten. Ihre Gedanken zur sittlichen und politischen Erneuerung Deutschlands beschäftigten sich nicht mit Preußen, weder mit seiner Zukunft noch mit seiner Vergangenheit.

Nicht etwa, weil »Preußen« als Idee von den Nationalsozialisten missbraucht worden war. Der Missbrauch hielt sich in Grenzen, weil die Nationalsozialisten den Staat und die Staatlichkeit überwinden wollten. Sie verklärten den »Heroismus«, den es aber in allen aristokratischen Gesellschaften gab. Dessen preußische Form entspricht bei manchen Eigenwilligkeiten der europäischen Norm. Die Opfer des 20. Juli hielten den herkömmlichen Staatsgedanken – und damit auch Preußen – ebenfalls für überholt. Das verbindet sie mit den Nationalsozialisten, gegen die sie sich empörten, ebenso wie mit den künftigen Bundesrepublikanern. Denn das Einzige, was diese von den Widerstandskämpfern bereitwillig übernahmen, war das Misstrauen gegen den Staat. Da der klassische Staat mittlerweile in das Reich der historischen Erzählungen gehört, verwirrt auch Preußen nicht mehr. Es ist Geschichte, nichts weiter.

Zeittafel

3. April 1415	Friedrich I. wird Kurfürst von Brandenburg.
1525	Der letzte Hochmeister des Deutschen Ordens, Albrecht von Ansbach-Bayreuth aus der fränkischen Linie der Hohenzollern, wird Lutheraner und erhebt Ostpreußen zum Herzogtum.
1. November 1539	Kurfürst Joachim II. wird Lutheraner.
24. Dezember 1613	Kurfürst Johann Sigismund konvertiert zum Calvinismus.
1614	Vertrag von Xanten. Brandenburg erbt Kleve, Mark von Ravensberg.
28. August 1618	Herzogtum Preußen fällt durch Erbgang an Brandenburg.
1. Dezember 1640 bis 9. Mai 1688	Friedrich Wilhelm, der »Große Kurfürst«.
24. Oktober 1648	Im Westfälischen Frieden erhält Brandenburg Hinterpommern, Minden, Halberstadt und Magdeburg.

28. Juni 1675	Sieg bei Fehrbellin über die Schweden.
8. November 1685	Potsdamer Edikt zur Ansiedlung der Hugenotten.
9. Mai 1688 bis 25. Februar 1712	Friedrich III.
18. Januar 1701	Königskrönung. Von da ab Friedrich I. in Preußen.
25. Februar 1713 bis 31. Mai 1740	Friedrich Wilhelm I., der »Soldatenkönig«.
1. Februar 1720	Im Frieden von Stockholm erhält Preußen Stettin und Vorpommern bis zur Peene.
1732	Ansiedlung der vertriebenen Salzburger Protestanten.
31. Mai 1740 bis 17. August 1786	Friedrich II., der Große.
Dezember 1740	Einmarsch in Schlesien. Im Frieden von Aachen 1748 wird die Eroberung international anerkannt.
August 1756 bis Februar 1763	Der Siebenjährige Krieg. Österreich verzichtet endgültig auf Schlesien.
5. August 1772	Erste polnische Teilung. Preußen erhält das Ermland.
17. August 1786 bis 16. November 1797	Friedrich Wilhelm II.
25. September 1793	Zweite Polnische Teilung. Preußen erhält Danzig und Westpreußen.
3. Januar 1795	Dritte polnische Teilung. Preußen erhält Teile Litauens und Polens einschließlich Warschau.

16. November 1797 bis 7. Januar 1840	Friedrich Wilhelm III.
14. Oktober 1806	Niederlage bei Jena und Auerstedt.
1807 bis 1812	Preußische Reformen unter Stein und Hardenberg.
16. bis 19. Oktober 1813	Völkerschlacht bei Leipzig.
September 1814 bis Juni 1815	Wiener Kongress. Preußen erhält Rheinland- Westfalen und Posen.
Neujahr 1836	Deutscher Zollverein.
7. Januar 1840 bis 2. Januar 1861	Friedrich Wilhelm IV.
15. bis 20. März 1848	Revolution in Berlin.
28. April 1849	Friedrich Wilhelm IV. lehnt deutsche Kaiserkrone ab.
2. Januar 1861 bis 9. März 1888	Wilhelm I., seit 1858 Regent für Friedrich Wilhelm IV.
Januar 1860 bis September 1866	Preußischer Verfassungskonflikt.
April bis Oktober 1864	Dänischer Krieg.
Sommer 1866	Preußisch-Österreichischer Krieg. Preußen erwirbt im Prager Frieden Hannover, Kurhessen, Nassau und Frankfurt.
Juli 1870 bis Mai 1871	Deutsch-Französischer Krieg.
18. Januar 1871	Wilhelm I. wird zum Deutschen Kaiser proklamiert.
15. Juni 1888 bis 10. November 1918	Wilhelm II.

20. Juli 1932	Preußen wird unter die Kontrolle des Reiches gestellt.
25. Februar 1947	Auflösung Preußens durch die Alliierten.

Literaturhinweise

Adam, Reinhard, *Preußen. Prägung – Leistung – Wandlung,* Bonn 1972.

Berner, Ernst, *Geschichte des preußischen Staates,* Bonn 1896.

Boockmann, Hartmut, *Der Deutsche Orden,* München 1981.

ders., *Ostpreußen und Westpreußen,* Berlin 1992.

Braubach, Max, *Der Aufstieg Brandenburg-Preußens,* 1648 *bis* 1815, Freiburg 1933.

Büsch, Otto, *Militärsystem und Sozialleben im alten Preußen,* 1713–1807, Berlin 1981.

ders. und W. Neugebauer (Hrsg.), *Moderne preußische Geschichte,* Bd. 1–3, Berlin 1981.

Bußmann, Walter, *Zwischen Preußen und Deutschland. Friedrich Wilhelm* IV., Berlin 1990.

Carstens, Francis L., *Die Entstehung Preußens,* Berlin 1981.

ders., *Geschichte der preußischen Junker,* Frankfurt a. M. 1988.

Clark, Christopher, *Preußen. Aufstieg und Niedergang. 1600–1947,* München 2007.

Conrads, Norbert, *Schlesien,* Berlin 1995.

Droysen, Johann Gustav, *Friedrich* I., *König von Preußen,* Berlin 2001 (Nachdruck d. Ausg. von 1872).

Erdmann, Karl Dietrich (Hrsg.), *Preußen. Seine Wirkung auf die deutsche Geschichte,* Stuttgart 1982.

Erdmannsdörfer, Bernhard, *Deutsche Geschichte vom Westfälischen Frieden bis zum Regierungsantritt Friedrichs des Großen* 1648–1740, Bd. 1–2, Leipzig 1932.

Geiger, Ludwig, *Berlin* 1688–1840. *Geschichte des geistigen Lebens der preußischen Hauptstadt,* Bd. 1–2, Aalen 1987 (Nachdruck d. Ausg. von 1895).

Greiffenhagen, Martin, *Die Aktualität Preußens,* Frankfurt a. M. 1981.

Haffner, Sebastian, *Preußen ohne Legende,* Hamburg 1980.

Heinrich, Gerd, *Geschichte Preußens. Staat und Dynastie,* Frankfurt a.M. 1981.

Henschel, Volker, *Preußens streitbare Geschichte,* 1594 *bis* 1945, Düsseldorf 1980.

Hinrichs, Carl, *Preußen als historisches Problem,* hrsg. v. G. Oestreich, Berlin 1964.

Hintze, Otto, *Die Hohenzollern und ihr Werk,* Moers 1979 (Nachdruck d. Ausg. von 1915).

Hubatsch, Walter, *Grundlinien preußischer Geschichte* 1701 *bis* 1871, Darmstadt 1983.

Koch, Hansjoachim W., *Geschichte Preußens,* München 1980.

Koser, Reinhold, *Geschichte Friedrichs des Großen,* Bd. 1–3, Stuttgart 1921.

Machlan, Lothar, und Dietrich Milles, *Die Klassensymbiose von Junkertum und Bourgeoisie,* Berlin 1980.

Mehring, Franz, *Zur Geschichte Preußens,* Berlin (Ost) 1981.

Meinecke, Friedrich, *Das Zeitalter der deutschen Erhebung,* 1795–1815, Leipzig 1941.

ders., *Weltbürgertum und Nationalstaat,* München 1962.

Netzer, Hans Joachim (Hrsg.), *Preußen. Portrait einer politischen Kultur,* München 1968.

Opgenoorth, Ernst, *Friedrich Wilhelm. Der große Kurfürst von Brandenburg,* Bd. 1–2, Göttingen 1971.

Pflanze, Otto, *Bismarck,* Bd. 1–2, München 1997/98.
Pollinger, Hans, *Preußen – eine Kulturgeschichte in Bildern und Dokumenten,* München 1980.
Puhle, Hans Jürgen, und Hans-Ulrich Wehler (Hrsg.), *Preußen im Rückblick,* Göttingen 1980.
Ranke, Leopold von, *Zwölf Bücher preußischer Geschichte,* Berlin 1929.
Schieder, Theodor, *Friedrich der Große,* Berlin 1983.
Schoeps, Hans-Joachim, *Preußen. Geschichte eines Staates,* Berlin 1997.
ders., *Das andere Preußen,* Stuttgart 1952.
Schultze, Johannes, *Die Mark Brandenburg,* Berlin 1989.
Sinn, Peter und Renate, *Alltag von Preußen,* Frankfurt a.M. 1991.
Srbik, Heinrich von, *Deutsche Einheit,* Bd. 1–4, München 1935–1942.
Stamm-Kuhlmann, Thomas, *König in Preußens großer Zeit. Friedrich Wilhelm* III., *der Melancholiker auf dem Thron,* Berlin 1997.
Vogler, Günter, und Klaus Veitz, *Preußen. Von den Anfängen bis zur Reichsgründung,* Berlin (Ost) 1980.

Namenregister